国际中文教育用汉字发音手册

刘 勇 主编

南开大学出版社

天 津

图书在版编目(CIP)数据

国际中文教育用汉字发音手册 / 刘勇主编. —天津：
南开大学出版社，2023.8
ISBN 978-7-310-06446-5

Ⅰ.①国… Ⅱ.①刘… Ⅲ.①汉语－语音－对外汉语
教学－教学参考资料 Ⅳ.①H195.3

中国国家版本馆 CIP 数据核字(2023)第 119827 号

国际中文教育用汉字发音手册
GUOJI ZHONGWEN JIAOYU YONG HANZI FAYIN SHOUCE

南开大学出版社出版发行
出版人：陈　敬
地址：天津市南开区卫津路 94 号　　邮政编码：300071
营销部电话：(022)23508339　营销部传真：(022)23508542
https://nkup.nankai.edu.cn

天津创先河普业印刷有限公司印刷　全国各地新华书店经销
2023 年 8 月第 1 版　　2023 年 8 月第 1 次印刷
210×148 毫米　32 开本　8.875 印张　2 插页　221 千字
定价：53.00 元

如遇图书印装质量问题,请与本社营销部联系调换,电话：(022)23508339

前　言

在中国逐步成长为世界第二大经济体、"一带一路"倡议愈加受到全球瞩目的背景下，世界各国学习汉语的热情不断高涨。据教育部中外语言交流合作中心统计，党的十八大以来，随着全球化深入发展，各国对中文学习的需求持续旺盛，全球有 180 多个国家和地区开展中文教学，81 个国家将中文纳入国民教育体系，开设中文课程的各类学校及培训机构有 8 万多所，正在学习中文的人超过 3000 万，参加各类中文考试的达到 4000 万人次。

教育部将国际中文教育设置为大学一级学科，并颁布了《国际中文教育中文水平等级标准》（以下简称"《等级标准》"）。这为讲好中国故事、传播好中国声音，进而展示真实、立体、全面的中国形象提供了宝贵的机遇。与此同时，这一举措对如何加强我国语言文化的国际传播能力，如何基于《等级标准》编写和制作相关配套教材也提出了新的挑战。2010 年由中国国家对外汉语教学领导小组办公室编写的《汉语国际教育用音节汉字词汇等级划分》（以下简称"《等级划分》"）是最早对汉语拼音音节汉字进行分类的宏观指导性著作，但目前还缺少与《等级标准》《等级划分》相应的配套工具书。

《国际中文教育用汉字发音手册》（以下简称"《发音手册》"）是为了使汉语学习者从中文的发音特点出发，全面熟悉和掌握现代汉语发音、汉字音节特点而编写的工具书。本书参考《新华词典》（第 4 版）汉语拼音音节索引的 1325 个汉字音节，同时参考

《等级标准》国际中文教育用音节表，把《等级标准》所指定的一至九级 1110 个音节，按照《新华词典》（第 4 版）汉语拼音音节索引顺序编辑成册。以单音节为中心，分别组成双音节、三音节、四音节的词组以及多音节例句，最后列出单音节例字的常用同音字。

《发音手册》的使用特色：首先，它是为适应和满足第二语言习得需求，根据《等级标准》对中文教学资源建设的需要，首次编写的针对中文语音教学专门用途的创新性工具书。其次，《发音手册》是以国际中文学习者为对象，将《等级标准》一至九级当中的全部音节转化为词语应用，既可以反复练习例字发音，又可以熟悉中文组词造句的语感和规律，同时在短时间内通过发音记住很多关联、延展的汉字词，实现《等级标准》与课程资源对接的目标。

《发音手册》的出版意义：首先是语料库的挖掘，健全和完善《等级标准》教学资源体系，满足海内外各类中文教学机构和各类中文学习者的多样化需求，为构建国际中文教育模式提供语音基础要素量化指标。其次是实践应用功能，为学习者练习汉字发音提供实用性语音教学参考。

《发音手册》的编写体例：第一，遵循《汉语拼音方案》有关汉字是整个表示一个音节，汉字一字一音的权威界定，抓住每一音节所举例字，根据《等级标准》所定音节数量，确定汉字发音的量化指标，从而确定二语习得常用音节，让语音教学内容更具体。第二，通过例词例句，让学生体会中国文字和文化的魅力。《发音手册》选用中国语言文化学习经典元素，例如，《三字经》《百家姓》《千字文》及唐诗等蒙学以及诗词经典作为练习发音的基本素材，可以帮助学习者了解汉语中体现的中华文化内涵，达到传播中国文化的效果。

感谢教育部中外语言合作交流中心以及孔子学院给我提供了

参加国际中文教育的机会和平台。

由于编者汉语言文字学知识及水平有限，书中错漏之处在所难免，期待各位专家学者和同行多多斧正，不吝赐教！同时，希望广大读者多提宝贵意见。

最后，真切地希望《发音手册》这本工具书能够在您了解中文、品味中华文化的道路上，助您一臂之力，为您开启一段愉快而又难忘的中文学习之旅。

编者

2023 年 1 月吉日

目　录

《汉语拼音方案》声母及其代表字

1	b	玻	8	l	勒	15	zh	知
2	p	坡	9	g	哥	16	ch	蚩
3	m	摸	10	k	科	17	sh	诗
4	f	佛	11	h	喝	18	r	日
5	d	得	12	j	基	19	z	资
6	t	特	13	q	欺	20	c	雌
7	n	讷	14	x	希	21	s	思

《汉语拼音方案》韵母及其代表字

1	a	啊	13	i	衣	25	uo	窝
2	o	喔	14	ia	呀	26	uai	歪
3	e	鹅	15	ie	耶	27	uei	威
4	ai	哀	16	iao	腰	28	uan	弯
5	ei	欸	17	iou	忧	29	uen	温
6	ao	熬	18	ian	烟	30	uang	汪
7	ou	欧	19	in	因	31	ueng	翁
8	an	安	20	iang	央	32	ü	迂
9	en	恩	21	ing	英	33	üe	约
10	ang	昂	22	iong	雍	34	üan	冤
11	eng	亨的韵母	23	u	乌	35	ün	晕
12	ong	轰的韵母	24	ua	蛙			

国际中文教育一级音节标准及其代表字

1	ài	爱	21	chá	茶	41	děng	等
2	bā	八	22	chà	差	42	dì	地
3	bà	爸	23	cháng	长	43	diǎn	点
4	ba	吧	24	chǎng	场	44	diàn	电
5	bái	白	25	chàng	唱	45	dōng	东
6	bǎi	百	26	chē	车	46	dòng	动
7	bān	班	27	chī	吃	47	dōu	都
8	bàn	半	28	chū	初	48	dú	读
9	bāng	邦	29	chuān	川	49	duì	队
10	bāo	包	30	chuáng	床	50	duō	多
11	bēi	杯	31	cì	次	51	è	恶
12	běi	北	32	cóng	从	52	ér	儿
13	bèi	倍	33	cuò	措	53	èr	二
14	běn	本	34	dá	答	54	fàn	范
15	bǐ	比	35	dǎ	打	55	fāng	方
16	biān	边	36	dà	大	56	fáng	房
17	bié	别	37	dàn	旦	57	fàng	放
18	bìng	并	38	dào	到	58	fēi	非
19	bù	不	39	dé	德	59	fēn	分
20	cài	菜	40	de	的	60	fēng	丰

61	fú	幅	88	huān	欢	115	kè	客
62	gān	甘	89	huán	环	116	kǒu	口
63	gàn	干	90	huí	回	117	kuài	快
64	gāo	高	91	huì	会	118	lái	来
65	gào	告	92	huǒ	火	119	lǎo	老
66	gē	歌	93	jī	机	120	le	了
67	gè	个	94	jǐ	己	121	lèi	累
68	gěi	给	95	jì	技	122	lěng	冷
69	gēn	根	96	jiā	家	123	lǐ	理
70	gōng	公	97	jià	价	124	liǎng	两
71	guān	关	98	jiān	间	125	líng	铃
72	guǎn	管	99	jiàn	见	126	liù	六
73	guì	贵	100	jiāo	交	127	lóu	楼
74	guó	国	101	jiào	教	128	lù	路
75	guǒ	果	102	jiě	解	129	mā	妈
76	guò	过	103	jiè	界	130	mǎ	马
77	hái	孩	104	jīn	今	131	ma	吗
78	hàn	汉	105	jìn	进	132	mǎi	买
79	hǎo	好	106	jīng	京	133	màn	漫
80	hào	好	107	jìng	静	134	máng	忙
81	hē	喝	108	jiǔ	酒	135	máo	毛
82	hé	和	109	jiù	救	136	me	么
83	hěn	很	110	jué	决	137	méi	梅
84	hòu	厚	111	kāi	开	138	mèi	妹
85	huā	花	112	kàn	看	139	mén	门
86	huà	画	113	kǎo	考	140	men	们
87	huài	坏	114	kě	可	141	mǐ	米

142	miàn	面	169	rén	人	196	suì	岁
143	míng	名	170	rèn	任	197	tā	他
144	ná	拿	171	rì	日	198	tài	太
145	nǎ	哪	172	ròu	肉	199	tǐ	体
146	nà	纳	173	sān	三	200	tiān	天
147	nǎi	乃	174	shān	山	201	tiáo	条
148	nán	男	175	shāng	商	202	tīng	厅
149	nǎo	脑	176	shàng	上	203	tóng	同
150	ne	呢	177	shǎo	少	204	tú	徒
151	néng	能	178	shào	绍	205	wài	外
152	nǐ	拟	179	shéi	谁	206	wán	丸
153	nián	年	180	shēn	深	207	wǎn	晚
154	nín	您	181	shén	神	208	wǎng	往
155	niú	牛	182	shēng	生	209	wàng	望
156	nǚ	女	183	shī	师	210	wén	闻
157	páng	旁	184	shí	十	211	wèn	问
158	pǎo	跑	185	shì	式	212	wǒ	我
159	péng	朋	186	shǒu	手	213	wǔ	五
160	piào	票	187	shū	书	214	xī	吸
161	qī	期	188	shù	术	215	xí	习
162	qǐ	起	189	shuí	谁	216	xǐ	喜
163	qì	气	190	shuǐ	水	217	xì	系
164	qián	前	191	shuì	税	218	xià	下
165	qǐng	请	192	shuō	说	219	xiān	先
166	qiú	球	193	sì	四	220	xiàn	现
167	qù	去	194	sòng	送	221	xiǎng	想
168	rè	热	195	sù	诉	222	xiǎo	小

223	xiào	校	239	yǐng	影	255	zhēn	真
224	xiē	些	240	yòng	用	256	zhèng	正
225	xiě	写	241	yǒu	友	257	zhī	织
226	xiè	谢	242	yòu	右	258	zhōng	中
227	xīn	心	243	yǔ	雨	259	zhòng	众
228	xīng	兴	244	yuán	原	260	zhù	住
229	xíng	行	245	yuǎn	远	261	zhǔn	准
230	xìng	幸	246	yuàn	院	262	zhuō	捉
231	xiū	休	247	yuè	月	263	zǐ	子
232	xué	学	248	zài	在	264	zì	自
233	yàng	样	249	zǎo	早	265	zǒu	走
234	yào	药	250	zěn	怎	266	zuì	最
235	yé	爷	251	zhàn	战	267	zuó	昨
236	yě	野	252	zhǎo	沼	268	zuǒ	左
237	yè	业	253	zhè	这	269	zuò	座
238	yī	一	254	zhe	着			

国际中文教育二级音节标准及其代表字

1	a	阿	21	chuī	炊	41	fù	富
2	ān	安	22	chūn	春	42	gāi	该
3	bǎn	版	23	cí	磁	43	gǎi	改
4	bǎo	保	24	dā	搭	44	gǎn	感
5	bào	抱	25	dài	带	45	gāng	刚
6	bì	必	26	dān	担	46	gèng	更
7	biàn	便	27	dāng	当	47	gòng	共
8	biǎo	表	28	dǎo	岛	48	gǒu	苟
9	cái	才	29	dēng	灯	49	gòu	购
10	cān	参	30	dī	低	50	gù	固
11	cǎo	草	31	diào	调	51	guàn	冠
12	céng	层	32	dìng	定	52	guǎng	广
13	chāo	超	33	dǒng	董	53	guo	过
14	chén	臣	34	dù	渡	54	hǎi	海
15	chēng	称	35	duǎn	短	55	hǎn	喊
16	chéng	城	36	duàn	锻	56	háng	航
17	chóng	虫	37	fā	发	57	hēi	黑
18	chǔ	础	38	fǎ	法	58	hóng	虹
19	chù	处	39	fà	发	59	hū	呼
20	chuán	船	40	fèn	份	60	hú	湖

61	huà	护	88	liàn	练	115	qiě	且
62	huàn	换	89	liáng	良	116	qīng	青
63	huáng	黄	90	liàng	量	117	qíng	情
64	huó	活	91	liú	留	118	qiū	秋
65	huò	货	92	lǚ	旅	119	qǔ	取
66	jí	吉	93	lù	律	120	quán	全
67	jiǎ	假	94	lùn	论	121	què	确
68	jiǎn	检	95	mài	麦	122	rán	然
69	jiǎng	讲	96	mǎn	满	123	ràng	让
70	jiǎo	角	97	māo	猫	124	rú	如
71	jiē	阶	98	mò	末	125	rù	入
72	jié	节	99	mù	目	126	sè	色
73	jǔ	举	100	niǎo	鸟	127	shěng	省
74	jù	具	101	nòng	弄	128	shǐ	始
75	kǎ	卡	102	nǔ	努	129	shōu	收
76	kāng	康	103	pá	爬	130	shóu	熟
77	kào	靠	104	pà	怕	131	shòu	授
78	kē	科	105	pái	排	132	shú	熟
79	kōng	空	106	pèng	碰	133	shǔ	暑
80	kòng	控	107	piān	篇	134	shùn	顺
81	kū	枯	108	pián	便	135	sī	思
82	lā	拉	109	piàn	片	136	suàn	算
83	lán	蓝	110	píng	平	137	suī	虽
84	lè	乐	111	pǔ	谱	138	suí	随
85	lí	离	112	qí	旗	139	suǒ	所
86	lì	利	113	qiān	千	140	táng	堂
87	liǎn	脸	114	qiáng	强	141	tǎo	讨

142	tào	套	162	xìn	信	182	yóu	邮
143	tè	特	163	xū	须	183	yú	渔
144	téng	藤	164	xǔ	许	184	yù	玉
145	tí	提	165	xuǎn	选	185	yún	云
146	tiě	铁	166	xuě	雪	186	yùn	运
147	tíng	庭	167	yán	颜	187	zán	咱
148	tǐng	艇	168	yǎn	演	188	zāng	脏
149	tōng	通	169	yáng	阳	189	zhǎng	掌
150	tóu	头	170	yǎng	仰	190	zhào	照
151	tuī	推	171	yāo	腰	191	zhě	者
152	tuǐ	腿	172	yí	疑	192	zhí	职
153	wàn	万	173	yǐ	以	193	zhǐ	指
154	wáng	王	174	yì	艺	194	zhōu	周
155	wéi	围	175	yīn	音	195	zhǔ	主
156	wèi	卫	176	yín	银	196	zhuāng	装
157	wēn	温	177	yìn	印	197	zū	租
158	wù	务	178	yīng	英	198	zǔ	祖
159	xiāng	箱	179	yíng	营	199	zuǐ	嘴
160	xiàng	相	180	yìng	映			
161	xié	协	181	yǒng	泳			

国际中文教育三级音节标准及其代表字

1	àn	暗	21	dùn	盾	41	jǐn	紧
2	bǎ	把	22	fán	繁	42	jǐng	景
3	biāo	标	23	fǎn	反	43	kā	咖
4	bō	波	24	fǎng	访	44	kǒng	孔
5	bǔ	补	25	fèi	费	45	kǔ	苦
6	cǎi	彩	26	fǒu	否	46	kù	库
7	chǎn	产	27	fū	夫	47	kuàng	况
8	cháo	朝	28	gài	概	48	kùn	困
9	chǎo	炒	29	gé	革	49	làng	浪
10	chèn	衬	30	gū	孤	50	lián	连
11	chí	迟	31	gǔ	鼓	51	liǎo	了
12	chōng	冲	32	guà	挂	52	liè	列
13	chú	除	33	guài	怪	53	lǐng	领
14	chuàng	创	34	guāng	光	54	lìng	令
15	cǐ	此	35	guī	规	55	lóng	龙
16	cūn	村	36	hā	哈	56	luàn	乱
17	cún	存	37	hài	害	57	luò	落
18	dāo	刀	38	huá	华	58	má	麻
19	dǐ	底	39	hūn	昏	59	mào	贸
20	dū	都	40	jiāng	将	60	měi	美

61	mí	迷	88	réng	仍	115	xuān	宣
62	mín	民	89	róng	荣	116	xùn	训
63	mìng	命	90	sài	赛	117	yā	压
64	mǒu	某	91	sàn	散	118	yān	烟
65	mǔ	母	92	shā	砂	119	yàn	验
66	nèi	内	93	shàn	善	120	yōu	优
67	niàn	念	94	shè	社	121	yuē	约
68	niáng	娘	95	shèng	盛	122	zá	杂
69	nóng	农	96	shuāng	双	123	zào	造
70	nuǎn	暖	97	sǐ	死	124	zé	责
71	pāi	拍	98	tái	台	125	zēng	增
72	pài	派	99	tán	谈	126	zhǎn	展
73	pàn	判	100	tāng	汤	127	zhāng	张
74	pàng	胖	101	tián	田	128	zhēng	蒸
75	pèi	配	102	tiào	眺	129	zhěng	整
76	pī	批	103	tòng	痛	130	zhì	志
77	pí	皮	104	tū	凸	131	zhǒng	种
78	pǐn	品	105	tǔ	土	132	zhū	诸
79	pò	破	106	tuán	团	133	zhuā	抓
80	qiáo	桥	107	tuì	退	134	zhuān	专
81	qiǎo	巧	108	wēi	微	135	zhuǎn	转
82	qiè	切	109	wěi	委	136	zhuàng	状
83	qīn	亲	110	wò	握	137	zhuī	追
84	qìng	庆	111	wū	屋	138	zī	资
85	qū	曲	112	xiǎn	险	139	zǒng	总
86	quē	缺	113	xiāo	消	140	zú	足
87	qún	群	114	xù	序			

国际中文教育四级音节标准及其代表字

1	ā	阿	21	dòu	豆	41	jūn	均
2	ǎi	矮	22	dǔ	赌	42	kuān	宽
3	bài	败	23	ě	恶	43	kuò	扩
4	báo	薄	24	ěr	耳	44	là	辣
5	bèn	笨	25	fān	番	45	láng	廊
6	bīng	兵	26	féi	肥	46	léi	雷
7	cā	擦	27	fǔ	辅	47	lěi	累
8	cāo	操	28	guā	瓜	48	liǎ	俩
9	cè	测	29	guàng	逛	49	liáo	撩
10	chè	彻	30	hán	寒	50	liào	料
11	chǐ	耻	31	háo	毫	51	lín	林
12	chōu	抽	32	huái	怀	52	lún	轮
13	chuāng	窗	33	huǎn	缓	53	mèng	梦
14	chún	纯	34	huī	挥	54	mì	秘
15	cū	粗	35	jiàng	降	55	miǎn	勉
16	cù	醋	36	jiū	究	56	miáo	苗
17	cùn	寸	37	jū	居	57	mō	摸
18	děi	得	38	jú	局	58	mó	模
19	dí	笛	39	juǎn	卷	59	na	哪
20	dǐng	顶	40	juàn	绢	60	nào	闹

61	níng	宁	80	sōng	松	99	xǐng	醒
62	pán	磐	81	sú	俗	100	xiōng	胸
63	péi	培	82	suān	酸	101	xiù	袖
64	pó	婆	83	sūn	孙	102	xún	寻
65	qiǎn	浅	84	suō	缩	103	yá	芽
66	qiē	切	85	tǎng	倘	104	yà	亚
67	qióng	穷	86	tī	梯	105	ya	呀
68	quān	圈	87	tì	替	106	yáo	遥
69	ruò	若	88	tiāo	挑	107	yǐn	饮
70	sǎn	伞	89	tiǎo	挑	108	zǎi	载
71	sǎo	扫	90	tiē	贴	109	zàn	赞
72	sēn	森	91	tǒng	统	111	zhāo	招
73	shài	晒	92	tòu	透	112	zháo	着
74	shǎn	陕	93	tuō	托	113	zhé	折
75	shǎng	赏	94	wà	袜	114	zhèn	震
76	shāo	烧	95	wān	湾	115	zhú	竹
77	shèn	慎	96	wěn	稳	116	zōng	综
78	shuā	刷	97	wú	无			
79	shuài	帅	98	xián	闲			

国际中文教育五级音节标准及其代表字

1	bá	拔	21	duī	堆	41	kuī	亏
2	bàng	棒	22	dūn	蹲	42	lǎn	览
3	bí	鼻	23	duǒ	朵	43	làn	滥
4	bīn	宾	24	fá	罚	44	lǎng	朗
5	bǐng	饼	25	gǎo	稿	45	láo	劳
6	bó	博	26	gēng	耕	46	lòu	漏
7	cāi	猜	27	gōu	沟	47	luó	罗
8	chā	插	28	guǐ	轨	48	mà	骂
9	chāi	差	29	gǔn	滚	49	mián	绵
10	chái	柴	30	guō	锅	50	miǎo	秒
11	chóu	酬	31	hè	贺	51	mǐn	皿
12	chǒu	丑	32	hèn	恨	52	mú	模
13	chòu	臭	33	hóu	喉	53	nài	耐
14	chuǎng	闯	34	hǔ	虎	54	nàn	难
15	cōng	聪	35	huāng	慌	55	ǒu	偶
16	cuì	脆	36	huǐ	悔	56	pēn	喷
17	dāi	呆	37	ké	壳	57	pén	盆
18	dǎn	胆	38	kěn	恳	58	pǐ	匹
19	dǎng	党	39	kuǎn	款	59	pīn	拼
20	diū	丢	40	kuáng	狂	60	pín	贫

61	pō	坡	74	ruǎn	软	87	tù	兔
62	pú	菩	75	rùn	润	88	xiáng	详
63	qiàn	欠	76	sǎ	洒	89	xióng	雄
64	qiāng	枪	77	shǎ	傻	90	yāng	央
65	qiǎng	抢	78	shé	舌	91	yǎo	咬
66	qiāo	悄	79	shě	舍	92	yōng	拥
67	qín	勤	80	shuāi	衰	93	zāi	栽
68	quàn	券	81	shuò	朔	94	zāo	遭
69	rǎn	染	82	sōu	搜	95	zèng	赠
70	rǎo	扰	83	sǔn	损	96	zhāi	摘
71	rào	绕	84	tǎn	坦	97	zhěn	诊
72	rěn	忍	85	táo	桃	98	zūn	尊
73	rēng	扔	86	tōu	偷			

国际中文教育六级音节标准及其代表字

1	āi	埃	21	ēn	恩	41	mēng	蒙
2	ái	挨	22	fěn	粉	42	méng	蒙
3	ào	奥	23	fèng	奉	43	měng	猛
4	bǎng	膀	24	fó	佛	44	miào	庙
5	bēn	奔	25	gǎng	港	45	miè	灭
6	bī	逼	26	gǒng	拱	46	móu	谋
7	biǎn	扁	27	guǎi	拐	47	ní	泥
8	cán	蚕	28	héng	横	48	niǔ	钮
9	cǎn	惨	29	hùn	混	49	nù	怒
10	cāng	仓	30	juān	娟	50	nuò	诺
11	cáng	藏	31	kān	刊	51	pào	泡
12	chāng	昌	32	kàng	抗	52	pìn	聘
13	chǒng	宠	33	kòu	寇	53	pū	扑
14	chòng	冲	34	kuà	跨	54	pù	铺
15	chuàn	串	35	la	啦	55	qià	洽
16	dàng	荡	36	lài	赖	56	qié	茄
17	diē	爹	37	lú	炉	57	qú	渠
18	duān	端	38	lüè	略	58	rǔ	乳
19	duó	夺	39	mái	埋	59	sāi	塞
20	é	额	40	mán	馒	60	sàng	丧

61	sháo	芍	70	tūn	吞	79	zhā	扎
62	shěn	审	71	wā	蛙	80	zhà	诈
63	shuǎng	爽	72	wá	娃	81	zhái	宅
64	sū	苏	73	wa	哇	82	zhài	债
65	tǎ	塔	74	xuán	玄	83	zhuàn	撰
66	tà	踏	75	xuè	血	84	zòng	纵
67	tàn	探	76	yūn	晕	85	zòu	奏
68	tàng	趟	77	yǔn	允	86	zuān	钻
69	tāo	涛	78	zàng	藏			

国际中文教育七—九级音节标准及其代表字

1	áng	昂	21	chuǎi	揣	41	fěi	诽
2	āo	凹	22	chuài	踹	42	fén	焚
3	áo	熬	23	chuǎn	喘	43	féng	逢
4	bāi	掰	24	chuí	锤	44	fěng	讽
5	bēng	崩	25	chǔn	蠢	45	gà	尬
6	bèng	进	26	chuō	戳	46	gàng	杠
7	biē	憋	27	chuò	绰	47	gěng	梗
8	biè	别	28	còu	凑	48	guǎ	呱
9	bo	卜	29	cuàn	窜	49	guāi	乖
10	càn	灿	30	cuī	催	50	gùn	棍
11	cáo	曹	31	cuō	撮	51	hān	酣
12	cèng	蹭	32	dǎi	逮	52	hén	痕
13	chān	掺	33	dèng	邓	53	hēng	哼
14	chán	蝉	34	diān	颠	54	hèng	横
15	chàn	颤	35	diāo	雕	55	hōng	轰
16	chě	扯	36	dié	蝶	56	hǒng	哄
17	chěng	逞	37	dīng	丁	57	hòng	哄
18	chèng	秤	38	dǒu	斗	58	hǒu	吼
19	chì	赤	39	dǔn	盹	59	huǎng	幌
20	chuāi	揣	40	duò	舵	60	huàng	晃

61	hún	魂	88	līn	拎	115	nüè	虐
62	huō	豁	89	lìn	赁	116	nuó	挪
63	jiá	颊	90	liū	溜	117	ò	哦
64	jiáo	嚼	91	liǔ	柳	118	ōu	欧
65	jiǒng	炯	92	lǒng	陇	119	pā	趴
66	juè	倔	93	lǒu	搂	120	pān	攀
67	jùn	郡	94	lǔ	鲁	121	pāng	乓
68	kǎi	凯	95	luán	孪	122	pāo	抛
69	kǎn	槛	96	luǎn	卵	123	páo	咆
70	káng	扛	97	lūn	抡	124	pēi	胚
71	kēng	坑	98	luǒ	裸	125	pēng	烹
72	kōu	抠	99	mǎng	莽	126	pěng	捧
73	kuā	夸	100	mēn	闷	127	pì	辟
74	kuǎ	垮	101	mèn	闷	128	piāo	漂
75	kuāng	筐	102	miù	谬	129	piě	撇
76	kuí	葵	103	mǒ	抹	130	pīng	乒
77	kuì	愧	104	náng	囊	131	pōu	剖
78	kūn	昆	105	náo	挠	132	qiā	掐
79	kǔn	捆	106	něi	馁	133	qiǎ	卡
80	lǎ	喇	107	nèn	嫩	134	qiàng	呛
81	lāo	捞	108	nì	逆	135	qiào	鞘
82	lào	酪	109	niàng	酿	136	qǐn	寝
83	lēi	勒	110	niào	尿	137	quǎn	犬
84	léng	棱	111	niē	捏	138	rǎng	壤
85	lèng	楞	112	nǐng	拧	139	ráo	饶
86	liē	咧	113	nìng	宁	140	rě	惹
87	liě	咧	114	nú	奴	141	rǒng	冗

142	róu	柔	163	tāi	胎	184	yǎ	雅
143	ruì	睿	164	tān	贪	185	yē	耶
144	sā	撒	165	tiǎn	舔	186	yuān	渊
145	sà	萨	166	tuí	颓	187	zā	匝
146	sāng	桑	167	tún	臀	188	zǎn	攒
147	sǎng	嗓	168	tuó	陀	189	záo	凿
148	sāo	骚	169	tuǒ	妥	190	zéi	贼
149	sào	臊	170	tuò	拓	191	zhá	札
150	sēng	僧	171	wǎ	瓦	192	zhǎ	眨
151	shà	煞	172	wāi	歪	193	zhǎi	窄
152	shāi	筛	173	wāng	汪	194	zhān	粘
153	shē	奢	174	wēng	翁	195	zhē	遮
154	shéng	绳	175	wō	涡	196	zhóu	轴
155	shi	匙	176	xiā	虾	197	zhòu	宙
156	shuǎ	耍	177	xiá	霞	198	zhuǎ	爪
157	shuǎi	甩	178	xiáo	淆	199	zhuài	拽
158	shuān	栓	179	xiǔ	朽	200	zhuì	坠
159	shuàn	涮	180	xú	徐	201	zhuó	酌
160	sǒng	耸	181	xuàn	眩	202	zuàn	钻
161	sòu	嗽	182	xuē	靴			
162	suǐ	髓	183	xūn	勋			

按照汉语拼音排序的音节等级标准索引

1	ā	阿	21	bài	败	41	bí	鼻
2	a	啊	22	bān	班	42	bǐ	比
3	āi	埃	23	bǎn	板	43	bì	碧
4	ái	皑	24	bàn	半	44	biān	边
5	ǎi	蔼	25	bāng	邦	45	biǎn	贬
6	ài	爱	26	bǎng	榜	46	biàn	便
7	ān	安	27	bàng	傍	47	biāo	标
8	àn	暗	28	bāo	包	48	biǎo	表
9	áng	昂	29	báo	薄	49	biē	憋
10	āo	凹	30	bǎo	保	50	bié	别
11	áo	熬	31	bào	抱	51	biè	别
12	ào	奥	32	bēi	杯	52	bīn	宾
13	bā	八	33	běi	北	53	bīng	兵
14	bá	拔	34	bèi	倍	54	bǐng	秉
15	bǎ	把	35	bēn	奔	55	bìng	并
16	bà	爸	36	běn	本	56	bō	波
17	ba	吧	37	bèn	笨	57	bó	博
18	bāi	掰	38	bēng	崩	58	bo	卜
19	bái	白	39	bèng	迸	59	bǔ	捕
20	bǎi	百	40	bī	逼	60	bù	不

61	cā	擦	88	cháng	长	115	chū	初
62	cāi	猜	89	chǎng	场	116	chú	除
63	cái	才	90	chàng	唱	117	chǔ	楚
64	cǎi	彩	91	chāo	超	118	chù	处
65	cài	菜	92	cháo	朝	119	chuāi	揣
66	cān	餐	93	chǎo	吵	120	chuǎi	揣
67	cán	蚕	94	chē	车	121	chuài	踹
68	cǎn	惨	95	chě	扯	122	chuān	川
69	càn	灿	96	chè	彻	123	chuán	船
70	cāng	苍	97	chén	臣	124	chuǎn	喘
71	cáng	藏	98	chèn	趁	125	chuàn	串
72	cāo	操	99	chēng	称	126	chuāng	窗
73	cáo	曹	100	chéng	城	127	chuáng	床
74	cǎo	草	101	chěng	逞	128	chuǎng	闯
75	cè	策	102	chèng	秤	129	chuàng	创
76	céng	层	103	chī	吃	130	chuī	炊
77	cèng	蹭	104	chí	持	131	chuí	垂
78	chā	插	105	chǐ	耻	132	chūn	春
79	chá	茶	106	chì	赤	133	chún	纯
80	chà	差	107	chōng	冲	134	chǔn	蠢
81	chāi	钗	108	chóng	虫	135	chuō	戳
82	chái	柴	109	chǒng	宠	136	chuò	绰
83	chān	掺	110	chòng	冲	137	cí	词
84	chán	蝉	111	chōu	抽	138	cǐ	此
85	chǎn	产	112	chóu	酬	139	cì	赐
86	chàn	颤	113	chǒu	丑	140	cōng	聪
87	chāng	昌	114	chòu	臭	141	cóng	从

142	còu	凑	169	dé	德	196	dū	都
143	cū	粗	170	de	的	197	dú	读
144	cù	醋	171	děi	得	198	dǔ	赌
145	cuàn	窜	172	dēng	灯	199	dù	渡
146	cuī	催	173	děng	等	200	duān	端
147	cuì	脆	174	dèng	邓	201	duǎn	短
148	cūn	村	175	dī	低	202	duàn	断
149	cún	存	176	dí	笛	203	duī	堆
150	cùn	寸	177	dǐ	底	204	duì	对
151	cuō	撮	178	dì	地	205	dūn	敦
152	cuò	措	179	diān	颠	206	dǔn	盹
153	dā	搭	180	diǎn	点	207	dùn	盾
154	dá	答	181	diàn	电	208	duō	多
155	dǎ	打	182	diāo	雕	209	duó	夺
156	dà	大	183	diào	调	210	duǒ	朵
157	dāi	呆	184	diē	跌	211	duò	惰
158	dǎi	逮	185	dié	蝶	212	é	峨
159	dài	带	186	dīng	丁	213	ě	恶
160	dān	担	187	dǐng	顶	214	è	恶
161	dǎn	胆	188	dìng	定	215	ēn	恩
162	dàn	旦	189	diū	丢	216	ér	儿
163	dāng	当	190	dōng	东	217	ěr	耳
164	dǎng	党	191	dǒng	董	218	èr	二
165	dàng	荡	192	dòng	动	219	fā	发
166	dāo	刀	193	dōu	都	220	fá	乏
167	dǎo	岛	194	dǒu	斗	221	fǎ	法
168	dào	到	195	dòu	豆	222	fà	发

223	fān	番	250	gāi	该	277	gǔ	鼓
224	fán	繁	251	gǎi	改	278	gù	固
225	fǎn	反	252	gài	概	279	guā	瓜
226	fàn	范	253	gān	甘	280	guǎ	寡
227	fāng	方	254	gǎn	感	281	guà	挂
228	fáng	房	255	gàn	绀	282	guāi	乖
229	fǎng	访	256	gāng	刚	283	guǎi	拐
230	fàng	放	257	gǎng	港	284	guài	怪
231	fēi	非	258	gàng	杠	285	guān	关
232	féi	肥	259	gāo	高	286	guǎn	管
233	fěi	匪	260	gǎo	稿	287	guàn	冠
234	fèi	费	261	gào	告	288	guāng	光
235	fēn	分	262	gē	歌	289	guǎng	广
236	fén	焚	263	gé	阁	290	guàng	逛
237	fěn	粉	264	gè	个	291	guī	规
238	fèn	奋	265	gěi	给	292	guǐ	鬼
239	fēng	丰	266	gēn	根	293	guì	贵
240	féng	逢	267	gēng	耕	294	gǔn	滚
241	fěng	讽	268	gěng	梗	295	gùn	棍
242	fèng	奉	269	gèng	更	296	guō	锅
243	fó	佛	270	gōng	公	297	guó	国
244	fǒu	否	271	gǒng	拱	298	guǒ	果
245	fū	夫	272	gòng	共	299	guò	过
246	fú	福	273	gōu	沟	300	guo	过
247	fǔ	辅	274	gǒu	苟	301	hā	哈
248	fù	富	275	gòu	购	302	hái	孩
249	gà	尬	276	gū	孤	303	hǎi	海

304	hài	害	331	hú	湖	358	jī	机
305	hān	酣	332	hǔ	虎	359	jí	集
306	hán	寒	333	hù	护	360	jǐ	己
307	hǎn	喊	334	huā	花	361	jì	继
308	hàn	汉	335	huá	华	362	jiā	家
309	háng	航	336	huà	画	363	jiá	颊
310	háo	毫	337	huái	怀	364	jiǎ	甲
311	hǎo	好	338	huài	坏	365	jià	价
312	hào	浩	339	huān	欢	366	jiān	间
313	hē	喝	340	huán	环	367	jiǎn	剪
314	hé	和	341	huǎn	缓	368	jiàn	见
315	hè	贺	342	huàn	换	369	jiāng	将
316	hēi	黑	343	huāng	慌	370	jiǎng	讲
317	hén	痕	344	huáng	黄	371	jiàng	降
318	hěn	很	345	huǎng	恍	372	jiāo	交
319	hèn	恨	346	huàng	晃	373	jiáo	嚼
320	hēng	哼	347	huī	挥	374	jiǎo	角
321	héng	横	348	huí	回	375	jiào	教
322	hèng	横	349	huǐ	悔	376	jiē	阶
323	hōng	轰	350	huì	会	377	jié	节
324	hóng	虹	351	hūn	婚	378	jiě	解
325	hǒng	哄	352	hún	魂	379	jiè	界
326	hòng	哄	353	hùn	混	380	jīn	今
327	hóu	喉	354	huō	豁	381	jǐn	紧
328	hǒu	吼	355	huó	活	382	jìn	进
329	hòu	厚	356	huǒ	火	383	jīng	京
330	hū	呼	357	huò	货	384	jǐng	景

385	jìng	静	412	kào	靠	439	kuì	愧
386	jiǒng	炯	413	kē	科	440	kūn	昆
387	jiū	究	414	ké	壳	441	kǔn	捆
388	jiǔ	酒	415	kě	可	442	kùn	困
389	jiù	救	416	kè	客	443	kuò	阔
390	jū	居	417	kěn	恳	444	lā	拉
391	jú	局	418	kēng	坑	445	lǎ	喇
392	jǔ	举	419	kōng	空	446	là	辣
393	jù	巨	420	kǒng	孔	447	la	啦
394	juān	娟	421	kòng	控	448	lái	来
395	juǎn	卷	422	kōu	抠	449	lài	赖
396	juàn	倦	423	kǒu	口	450	lán	蓝
397	jué	决	424	kòu	寇	451	lǎn	览
398	juè	倔	425	kū	枯	452	làn	滥
399	jūn	均	426	kǔ	苦	453	láng	廊
400	jùn	峻	427	kù	库	454	lǎng	朗
401	kā	咖	428	kuā	夸	455	làng	浪
402	kǎ	卡	429	kuǎ	垮	456	lāo	捞
403	kāi	开	430	kuà	跨	457	láo	劳
404	kǎi	凯	431	kuài	快	458	lǎo	老
405	kān	刊	432	kuān	宽	459	lào	烙
406	kǎn	槛	433	kuǎn	款	460	lè	乐
407	kàn	看	434	kuāng	匡	461	le	了
408	kāng	康	435	kuáng	狂	462	lēi	勒
409	káng	扛	436	kuàng	旷	463	léi	雷
410	kàng	抗	437	kuī	亏	464	lěi	累
411	kǎo	考	438	kuí	葵	465	lèi	泪

466	léng	棱	493	liǔ	柳	520	mái	埋
467	lěng	冷	494	liù	六	521	mǎi	买
468	lèng	楞	495	lóng	龙	522	mài	麦
469	lí	离	496	lǒng	陇	523	mán	瞒
470	lǐ	理	497	lóu	楼	524	mǎn	满
471	lì	利	498	lǒu	搂	525	màn	漫
472	liǎ	俩	499	lòu	漏	526	máng	忙
473	lián	连	500	lú	炉	527	mǎng	莽
474	liǎn	脸	501	lǔ	鲁	528	māo	猫
475	liàn	练	502	lù	路	529	máo	毛
476	liáng	良	503	lǚ	旅	530	mào	貌
477	liǎng	两	504	lǜ	律	531	me	么
478	liàng	量	505	luán	峦	532	méi	梅
479	liáo	撩	506	luǎn	卵	533	měi	美
480	liǎo	了	507	luàn	乱	534	mèi	妹
481	liào	料	508	lüè	略	535	mēn	闷
482	liē	咧	509	lūn	抡	536	mén	门
483	liě	咧	510	lún	轮	537	mèn	闷
484	liè	列	511	lùn	论	538	men	们
485	līn	拎	512	luó	罗	539	mēng	蒙
486	lín	林	513	luǒ	裸	540	méng	蒙
487	lìn	赁	514	luò	落	541	měng	猛
488	líng	铃	515	mā	妈	542	mèng	梦
489	lǐng	领	516	má	麻	543	mí	迷
490	lìng	令	517	mǎ	马	544	mǐ	米
491	liū	溜	518	mà	骂	545	mì	秘
492	liú	留	519	ma	吗	546	mián	绵

547	miǎn	勉	574	nàn	难	601	nòng	弄
548	miàn	面	575	náng	囊	602	nú	奴
549	miáo	苗	576	náo	挠	603	nǔ	努
550	miǎo	秒	577	nǎo	恼	604	nù	怒
551	miào	庙	578	nào	闹	605	nǚ	女
552	miè	灭	579	ne	呢	606	nuǎn	暖
553	mín	民	580	něi	馁	607	nüè	虐
554	mǐn	敏	581	nèi	内	608	nuó	挪
555	míng	名	582	nèn	嫩	609	nuò	诺
556	mìng	命	583	néng	能	610	ò	哦
557	miù	谬	584	ní	泥	611	ōu	欧
558	mō	摸	585	nǐ	拟	612	ǒu	偶
559	mó	磨	586	nì	逆	613	pā	趴
560	mǒ	抹	587	nián	年	614	pá	爬
561	mò	末	588	niàn	念	615	pà	怕
562	móu	谋	589	niáng	娘	616	pāi	拍
563	mǒu	某	590	niàng	酿	617	pái	排
564	mú	模	591	niǎo	鸟	618	pài	派
565	mǔ	母	592	niào	尿	619	pān	攀
566	mù	目	593	niē	捏	620	pán	磐
567	ná	拿	594	nín	您	621	pàn	判
568	nǎ	哪	595	níng	凝	622	pāng	乓
569	nà	纳	596	nǐng	拧	623	páng	旁
570	na	哪	597	nìng	宁	624	pàng	胖
571	nǎi	乃	598	niú	牛	625	pāo	抛
572	nài	耐	599	niǔ	钮	626	páo	咆
573	nán	南	600	nóng	农	627	pǎo	跑

628	pào	泡	655	pó	婆	682	qié	茄
629	pēi	胚	656	pò	破	683	qiě	且
630	péi	培	657	pōu	剖	684	qiè	切
631	pèi	配	658	pū	扑	685	qīn	亲
632	pēn	喷	659	pú	菩	686	qín	勤
633	pén	盆	660	pǔ	谱	687	qǐn	寝
634	pēng	烹	661	pù	瀑	688	qīng	青
635	péng	朋	662	qī	期	689	qíng	情
636	pěng	捧	663	qí	旗	690	qǐng	请
637	pèng	碰	664	qǐ	起	691	qìng	庆
638	pī	批	665	qì	气	692	qióng	穷
639	pí	皮	666	qiā	掐	693	qiū	秋
640	pǐ	匹	667	qiǎ	卡	694	qiú	球
641	pì	辟	668	qià	洽	695	qū	曲
642	piān	篇	669	qiān	千	696	qú	渠
643	pián	便	670	qián	前	697	qǔ	取
644	piàn	片	671	qiǎn	浅	698	qù	去
645	piāo	漂	672	qiàn	欠	699	quān	圈
646	piào	票	673	qiāng	枪	700	quán	全
647	piě	撇	674	qiáng	强	701	quǎn	犬
648	pīn	拼	675	qiǎng	抢	702	quàn	券
649	pín	贫	676	qiàng	呛	703	quē	缺
650	pǐn	品	677	qiāo	悄	704	què	确
651	pìn	聘	678	qiáo	桥	705	qún	群
652	pīng	乒	679	qiǎo	巧	706	rán	然
653	píng	平	680	qiào	鞘	707	rǎn	染
654	pō	坡	681	qiē	切	708	rǎng	壤

709	ràng	让	736	sài	赛	763	shào	绍
710	ráo	饶	737	sān	三	764	shē	奢
711	rǎo	扰	738	sǎn	伞	765	shé	舌
712	rào	绕	739	sàn	散	766	shě	舍
713	rě	惹	740	sāng	桑	767	shè	社
714	rè	热	741	sǎng	嗓	768	shéi	谁
715	rén	人	742	sàng	丧	769	shēn	深
716	rěn	忍	743	sāo	骚	770	shén	神
717	rèn	任	744	sǎo	扫	771	shěn	审
718	rēng	扔	745	sào	臊	772	shèn	慎
719	réng	仍	746	sè	色	773	shēng	生
720	rì	日	747	sēn	森	774	shéng	绳
721	róng	荣	748	sēng	僧	775	shěng	省
722	rǒng	冗	749	shā	杀	776	shèng	盛
723	róu	柔	750	shǎ	傻	777	shī	师
724	ròu	肉	751	shà	厦	778	shí	十
725	rú	如	752	shāi	筛	779	shǐ	始
726	rǔ	乳	753	shài	晒	780	shì	式
727	rù	入	754	shān	山	781	shi	匙
728	ruǎn	软	755	shǎn	闪	782	shōu	收
729	ruì	睿	756	shàn	善	783	shóu	熟
730	rùn	润	757	shāng	商	784	shǒu	手
731	ruò	若	758	shǎng	赏	785	shòu	授
732	sā	撒	759	shàng	上	786	shū	书
733	sǎ	洒	760	shāo	烧	787	shú	熟
734	sà	萨	761	sháo	芍	788	shǔ	暑
735	sāi	塞	762	shǎo	少	789	shù	术

790	shuā	刷	817	suàn	算	844	tè	特
791	shuǎ	耍	818	suī	虽	845	téng	藤
792	shuāi	衰	819	suí	随	846	tī	梯
793	shuǎi	甩	820	suǐ	髓	847	tí	提
794	shuài	帅	821	suì	岁	848	tǐ	体
795	shuān	栓	822	sūn	孙	849	tì	替
796	shuàn	涮	823	sǔn	损	850	tiān	天
797	shuāng	双	824	suō	缩	851	tián	田
798	shuǎng	爽	825	suǒ	所	852	tiǎn	舔
799	shuí	谁	826	tā	他	853	tiāo	挑
800	shuǐ	水	827	tǎ	塔	854	tiáo	条
801	shuì	税	828	tà	踏	855	tiǎo	挑
802	shùn	顺	829	tāi	胎	856	tiào	眺
803	shuō	说	830	tái	台	857	tiē	贴
804	shuò	朔	831	tài	太	858	tiě	铁
805	sī	思	832	tān	贪	859	tīng	厅
806	sǐ	死	833	tán	谈	860	tíng	庭
807	sì	四	834	tǎn	坦	861	tǐng	艇
808	sōng	松	835	tàn	探	862	tōng	通
809	sǒng	耸	836	tāng	汤	863	tóng	同
810	sòng	送	837	táng	堂	864	tǒng	统
811	sōu	搜	838	tǎng	倘	865	tòng	痛
812	sòu	嗽	839	tàng	烫	866	tōu	偷
813	sū	苏	840	tāo	涛	867	tóu	头
814	sú	俗	841	táo	桃	868	tòu	透
815	sù	素	842	tǎo	讨	869	tū	凸
816	suān	酸	843	tào	套	870	tú	徒

871	tǔ	土	898	wàng	望	925	xiàn	现
872	tù	兔	899	wēi	微	926	xiāng	相
873	tuán	团	900	wéi	围	927	xiáng	详
874	tuī	推	901	wěi	委	928	xiǎng	想
875	tuí	颓	902	wèi	为	929	xiàng	相
876	tuǐ	腿	903	wēn	温	930	xiāo	消
877	tuì	退	904	wén	闻	931	xiáo	淆
878	tūn	吞	905	wěn	稳	932	xiǎo	小
879	tún	臀	906	wèn	问	933	xiào	校
880	tuō	脱	907	wēng	翁	934	xiē	些
881	tuó	驼	908	wō	涡	935	xié	协
882	tuǒ	妥	909	wǒ	我	936	xiě	写
883	tuò	拓	910	wò	握	937	xiè	谢
884	wā	挖	911	wū	屋	938	xīn	心
885	wá	娃	912	wú	无	939	xìn	信
886	wǎ	瓦	913	wǔ	五	940	xīng	兴
887	wà	袜	914	wù	务	941	xíng	行
888	wa	哇	915	xī	夕	942	xǐng	醒
889	wāi	歪	916	xí	习	943	xìng	幸
890	wài	外	917	xǐ	喜	944	xiōng	胸
891	wān	湾	918	xì	系	945	xióng	雄
892	wán	丸	919	xiā	虾	946	xiū	休
893	wǎn	晚	920	xiá	霞	947	xiǔ	朽
894	wàn	万	921	xià	下	948	xiù	袖
895	wāng	汪	922	xiān	先	949	xū	须
896	wáng	王	923	xián	闲	950	xú	徐
897	wǎng	往	924	xiǎn	险	951	xǔ	许

952	xù	序	979	yǎo	咬	1006	yù	玉
953	xuān	宣	980	yào	药	1007	yuān	渊
954	xuán	玄	981	yē	耶	1008	yuán	原
955	xuǎn	选	982	yé	爷	1009	yuǎn	远
956	xuàn	眩	983	yě	野	1010	yuàn	院
957	xuē	靴	984	yè	业	1011	yuē	约
958	xué	学	985	yī	一	1012	yuè	月
959	xuě	雪	986	yí	疑	1013	yūn	晕
960	xuè	血	987	yǐ	以	1014	yún	云
961	xūn	勋	988	yì	艺	1015	yǔn	允
962	xún	寻	989	yīn	音	1016	yùn	运
963	xùn	训	990	yín	银	1017	zā	匝
964	yā	压	991	yǐn	饮	1018	zá	杂
965	yá	芽	992	yìn	印	1019	zāi	栽
966	yǎ	雅	993	yīng	英	1020	zǎi	载
967	yà	亚	994	yíng	营	1021	zài	在
968	ya	呀	995	yǐng	影	1022	zán	咱
969	yān	烟	996	yìng	映	1023	zǎn	攒
970	yán	颜	997	yōng	拥	1024	zàn	赞
971	yǎn	演	998	yǒng	勇	1025	zāng	脏
972	yàn	验	999	yòng	用	1026	zàng	藏
973	yāng	央	1000	yōu	优	1027	zāo	遭
974	yáng	阳	1001	yóu	游	1028	záo	凿
975	yǎng	仰	1002	yǒu	友	1029	zǎo	早
976	yàng	样	1003	yòu	右	1030	zào	造
977	yāo	腰	1004	yú	渔	1031	zé	责
978	yáo	遥	1005	yǔ	雨	1032	zéi	贼

1033	zěn	怎	1060	zhěn	诊	1087	zhuī	追
1034	zēng	增	1061	zhèn	震	1088	zhuì	坠
1035	zèng	赠	1062	zhēng	蒸	1089	zhǔn	准
1036	zhā	扎	1063	zhěng	整	1090	zhuō	捉
1037	zhá	札	1064	zhèng	正	1091	zhuó	酌
1038	zhǎ	眨	1065	zhī	知	1092	zī	资
1039	zhà	诈	1066	zhí	直	1093	zǐ	子
1040	zhāi	摘	1067	zhǐ	指	1094	zì	自
1041	zhái	宅	1068	zhì	志	1095	zōng	综
1042	zhǎi	窄	1069	zhōng	中	1096	zǒng	总
1043	zhài	债	1070	zhǒng	种	1097	zòng	纵
1044	zhān	沾	1071	zhòng	众	1098	zǒu	走
1045	zhǎn	展	1072	zhōu	周	1099	zòu	奏
1046	zhàn	战	1073	zhóu	轴	1100	zū	租
1047	zhāng	张	1074	zhòu	宙	1101	zú	足
1048	zhǎng	掌	1075	zhū	诸	1102	zǔ	祖
1049	zhàng	障	1076	zhú	竹	1103	zuān	钻
1050	zhāo	招	1077	zhǔ	主	1104	zuàn	钻
1051	zháo	着	1078	zhù	住	1105	zuǐ	嘴
1052	zhǎo	沼	1079	zhuā	抓	1106	zuì	最
1053	zhào	照	1080	zhuǎ	爪	1107	zūn	尊
1054	zhē	遮	1081	zhuài	拽	1108	zuó	昨
1055	zhé	折	1082	zhuān	专	1109	zuǒ	左
1056	zhě	者	1083	zhuǎn	转	1110	zuò	座
1057	zhè	这	1084	zhuàn	撰			
1058	zhe	着	1085	zhuāng	装			
1059	zhēn	真	1086	zhuàng	状			

单音节　ā　阿　双音节　阿姨

三音节　阿拉伯　四音节　阿塞拜疆

多音节例句　梨园弟子白发新，椒房阿监青娥老。

国际中文等级标准　四级

单音节同音字　啊

单音节　a　啊　双音节　好啊

三音节　救命啊　四音节　你好棒啊

多音节例句　这马跑得真快啊！

国际中文等级标准　二级

单音节同音字　阿

单音节　āi　埃　双音节　尘埃

三音节　古埃及　四音节　尘埃落定

多音节例句　时时勤拂拭，莫使惹尘埃。

国际中文等级标准　六级

单音节同音字　哎哀挨唉

单音节　ái　皑　双音节　皑皑

三音节　白皑皑　四音节　白雪皑皑

多音节例句　陈俎豆，戏堆埋。皎皎对皑皑。

国际中文等级标准　六级

单音节同音字　挨

单音节　ǎi　蔼　双音节　蔼蔼

三音节　真和蔼　四音节　和蔼可亲

多音节例句　轻衫裁夏蔼，薄袂剪春罗。

国际中文等级标准　四级

单音节同音字　矮

单音节　ài　爱　双音节　爱情
三音节　爱面子　四音节　爱沙尼亚
多音节例句　停车坐爱枫林晚，霜叶红于二月花。
国际中文等级标准　一级
单音节同音字　艾唉碍暧

单音节　ān　安　双音节　安心
三音节　安理会　四音节　安居乐业
多音节例句　静而后能安，安而后能虑，虑而后能得。
国际中文等级标准　二级
单音节同音字　鞍谙

单音节　àn　暗　双音节　黑暗
三音节　暗物质　四音节　暗自欢喜
多音节例句　庭前有白露，暗满菊花团。
国际中文等级标准　三级
单音节同音字　岸按案黯

单音节　áng　昂　双音节　激昂
三音节　昂起头　四音节　昂首挺胸
多音节例句　观者如山色沮丧，天地为之久低昂。
国际中文等级标准　七—九级
单音节同音字　（无）

单音节　āo　凹　双音节　凹陷
三音节　凹透镜　四音节　凹凸不平

多音节例句　优对劣，凸对凹。翠竹对黄花。

国际中文等级标准　七—九级

单音节同音字　熬

单音节　áo　熬　双音节　熬夜

三音节　熬出头　四音节　饱受煎熬

多音节例句　邀遮相组织，呵吓来煎熬。

国际中文等级标准　七—九级

单音节同音字　鏖遨嗷

单音节　ào　奥　双音节　奥秘

三音节　奥运会　四音节　奥妙无穷

多音节例句　贤对圣，是对非。觉奥对参微。

国际中文等级标准　六级

单音节同音字　坳傲澳懊

单音节　bā　八　双音节　八卦

三音节　腊八粥　四音节　四面八方

多音节例句　庭前八月梨枣熟，一日上树能千回。

国际中文等级标准　一级

单音节同音字　巴吧芭疤笆扒叭

单音节　bá　拔　双音节　选拔

三音节　拔河赛　四音节　拔苗助长

多音节例句　停杯投箸不能食，拔剑四顾心茫然。

国际中文等级标准　五级

单音节同音字　跋

单音节　bǎ　把　双音节　把握

三音节　门把手　四音节　一把年纪

多音节例句　星冠对月扇，把袂对书裾。

国际中文等级标准　三级

单音节同音字　靶

单音节　bà　爸　双音节　老爸

三音节　爸爸好　四音节　我爱爸爸

多音节例句　三国魏张揖编撰《广雅·释亲》：爸，父也。

国际中文等级标准　一级

单音节同音字　坝把罢霸

单音节　ba　吧　双音节　好吧

三音节　吃饭吧　四音节　喝点茶吧

多音节例句　这座房子是新盖的吧？

国际中文等级标准　一级

单音节同音字　（无）

单音节　bāi　掰　双音节　掰开

三音节　掰手腕　四音节　掰开揉碎

多音节例句　小弟弟掰着手指头数数。

国际中文等级标准　七—九级

单音节同音字　（无）

单音节　bái　白　双音节　白宫

三音节　白话文　四音节　青红皂白

多音节例句　鸣凤在竹，白驹食场。

国际中文等级标准　一级

单音节同音字　（无）

单音节　bǎi 百　双音节　百合
三音节　百老汇　四音节　百年好合
多音节例句　九州禹迹，百郡秦并。
国际中文等级标准　一级
单音节同音字　柏摆

单音节　bài 败　双音节　失败
三音节　败家子　四音节　反败为胜
多音节例句　一夜新霜著瓦轻，芭蕉新折败荷倾。
国际中文等级标准　四级
单音节同音字　拜呗

单音节　bān 班　双音节　班长
三音节　班主任　四音节　班门弄斧
多音节例句　挥手自兹去，萧萧班马鸣。
国际中文等级标准　一级
单音节同音字　扳般颁斑搬

单音节　bǎn 板　双音节　木板
三音节　黑板报　四音节　板上钉钉
多音节例句　莺簧对蝶板，虎穴对龙渊。
国际中文等级标准　二级
单音节同音字　坂阪版

单音节　bàn 半　双音节　半年
三音节　半决赛　四音节　半信半疑

多音节例句　半溪流水绿，千树落花红。
国际中文等级标准　一级
单音节同音字　办扮伴拌绊瓣

单音节　bāng　邦　双音节　联邦
三音节　乌托邦　四音节　定国安邦
多音节例句　邦以民为本，鱼饥费香饵。
国际中文等级标准　一级
单音节同音字　帮梆

单音节　bǎng　榜　双音节　榜样
三音节　光荣榜　四音节　金榜题名
多音节例句　烟蓑对雨笠，月榜对风帆。
国际中文等级标准　六级
单音节同音字　绑膀

单音节　bàng　傍　双音节　傍晚
三音节　傍大款　四音节　依山傍水
多音节例句　傍花随柳，沉李浮瓜。
国际中文等级标准　五级
单音节同音字　榜磅

单音节　bāo　包　双音节　书包
三音节　包围圈　四音节　包罗万象
多音节例句　五音惟耳听，万虑在心包。
国际中文等级标准　一级
单音节同音字　苞胞剥褒

单音节　báo 薄　双音节　薄片
三音节　薄透镜　四音节　势单力薄
多音节例句　轻衫裁夏蔼，薄袂剪春罗。
国际中文等级标准　四级
单音节同音字　雹

单音节　bǎo 保　双音节　环保
三音节　保育员　四音节　保驾护航
多音节例句　豺狼在邑龙在野，王孙善保千金躯。
国际中文等级标准　二级
单音节同音字　饱宝堡

单音节　bào 抱　双音节　拥抱
三音节　抱佛脚　四音节　抱薪救火
多音节例句　清江一曲抱村流，长夏江村事事幽。
国际中文等级标准　二级
单音节同音字　报刨豹暴爆

单音节　bēi 杯　双音节　奖杯
三音节　世界杯　四音节　杯水车薪
多音节例句　葡萄美酒夜光杯，欲饮琵琶马上催。
国际中文等级标准　一级
单音节同音字　卑碑背悲

单音节　běi 北　双音节　北京
三音节　南北朝　四音节　南来北往
多音节例句　南去北来休便休，白苹吹尽楚江秋。
国际中文等级标准　一级

单音节同音字　　（无）

单音节　bèi 倍　双音节　加倍
三音节　公倍数　四音节　事半功倍
多音节例句　独在异乡为异客，每逢佳节倍思亲。
国际中文等级标准　一级
单音节同音字　贝狈备背被辈

单音节　bēn 奔　双音节　奔跑
三音节　奔驰车　四音节　自由奔放
多音节例句　何必奔冲山下去，更添波浪向人间。
国际中文等级标准　六级
单音节同音字　贲犇锛

单音节　běn 本　双音节　书本
三音节　笔记本　四音节　舍本逐末
多音节例句　菩提本无树，明镜亦非台。
国际中文等级标准　一级
单音节同音字　苯

单音节　bèn 笨　双音节　笨拙
三音节　小笨蛋　四音节　笨鸟先飞
多音节例句　常练口里顺，常习手不笨。
国际中文等级标准　四级
单音节同音字　奔

单音节　bēng　崩　双音节　崩溃
三音节　尿崩症　四音节　山崩地裂

多音节例句　蜀主窥吴幸三峡，崩年亦在永安宫。

国际中文等级标准　七一九级

单音节同音字　绷

单音节　bèng　迸　双音节　迸裂

三音节　迸发出　四音节　泪迸肠绝

多音节例句　银瓶乍破水浆迸，铁骑突出刀枪鸣。

国际中文等级标准　七一九级

单音节同音字　蹦

单音节　bī　逼　双音节　逼迫

三音节　逼供信　四音节　咄咄逼人

多音节例句　高阁逼诸天，登临近日边。

国际中文等级标准　六级

单音节同音字　（无）

单音节　bí　鼻　双音节　鼻祖

三音节　鼻窦炎　四音节　嗤之以鼻

多音节例句　不经一番寒彻骨，怎得梅花扑鼻香。

国际中文等级标准　五级

单音节同音字　荸

单音节　bǐ　比　双音节　比赛

三音节　比翼鸟　四音节　比比皆是

多音节例句　海内存知己，天涯若比邻。

国际中文等级标准　一级

单音节同音字　匕笔彼鄙

单音节　bì　碧　双音节　碧蓝

三音节　碧玉簪　四音节　金碧辉煌

多音节例句　碧涧泉水清，寒山月华白。

国际中文等级标准　二级

单音节同音字　币毕毙闭必秘敝弊蔽壁避臂璧

单音节　biān　　边　双音节　边疆

三音节　敲边鼓　四音节　无边无际

多音节例句　岭上白云舒复卷，天边皓月去还来。

国际中文等级标准　一级

单音节同音字　编鞭

单音节　biǎn　　贬　双音节　褒贬

三音节　贬义词　四音节　寓贬于褒

多音节例句　诗既亡，春秋作。寓褒贬，别善恶。

国际中文等级标准　六级

单音节同音字　扁匾

单音节　biàn　　便　双音节　方便

三音节　便利店　四音节　家常便饭

多音节例句　逢人不说人间事，便是人间无事人。

国际中文等级标准　二级

单音节同音字　卞变遍辨辩辫

单音节　biāo　　标　双音节　标志

三音节　风向标　四音节　标新立异

多音节例句　数萼初含雪，孤标画本难。

国际中文等级标准　三级

单音节同音字　膘

单音节　biǎo　表　双音节　图表
三音节　表兄妹　四音节　表里如一
多音节例句　林表明霁色，城中增暮寒。
国际中文等级标准　二级
单音节同音字　裱褾

单音节　biē 憋　双音节　憋闷
三音节　憋口气　四音节　憋气窝火
多音节例句　鞠之育之兮不羞耻，憋之念之兮生长边鄙。
国际中文等级标准　七—九级
单音节同音字　鳖瘪

单音节　bié 别　双音节　识别
三音节　别动队　四音节　别有用心
多音节例句　南浦凄凄别，西风袅袅秋。
国际中文等级标准　一级
单音节同音字　（无）

单音节　biè 别　双音节　别嘴
三音节　闹别扭　四音节　别别扭扭
多音节例句　我别不过他，只好任他去做。
国际中文等级标准　七—九级
单音节同音字　（无）

单音节　bīn 宾　双音节　宾朋
三音节　贵宾席　四音节　宾至如归

多音节例句　石室客来煎雀舌，画堂宾至饮羊羔。

国际中文等级标准　五级

单音节同音字　彬斌滨缤

单音节　bīng　兵　双音节　士兵

三音节　兵马俑　四音节　精兵简政

多音节例句　寄书长不达，况乃未休兵。

国际中文等级标准　四级

单音节同音字　冰

单音节　bǐng　秉　双音节　秉性

三音节　秉钧轴　四音节　秉公执法

多音节例句　报国忠臣心秉赤，伤春美女脸消红。

国际中文等级标准　五级

单音节同音字　丙柄屏饼

单音节　bìng　并　双音节　合并

三音节　并蒂莲　四音节　齐头并进

多音节例句　围棋兼把钓，沉李并浮瓜。

国际中文等级标准　一级

单音节同音字　病

单音节　bō　波　双音节　波长

三音节　超声波　四音节　波浪滔天

多音节例句　豪饮客吞波底月，酣游人醉水中天。

国际中文等级标准　三级

单音节同音字　钵拨玻菠剥播

单音节　bó　博　双音节　博士

三音节　博物馆　四音节　博览群书

多音节例句　端石砚生鸲鹆眼，博山炉起鹧鸪斑。

国际中文等级标准　五级

单音节同音字　伯泊舶柏驳勃脖搏膊薄礴

单音节　bo　卜　双音节　萝卜

三音节　胡萝卜　四音节　空心萝卜

多音节例句　一个萝卜一个坑。

国际中文等级标准　七—九级

单音节同音字　（无）

单音节　bǔ　捕　双音节　捕捉

三音节　巡捕房　四音节　捕风捉影

多音节例句　雪衣雪发青玉嘴，群捕鱼儿溪影中。

国际中文等级标准　三级

单音节同音字　哺补

单音节　bù　不　双音节　不能

三音节　舍不得　四音节　不由自主

多音节例句　深林人不知，明月来相照。

国际中文等级标准　一级

单音节同音字　布怖步部簿

单音节　cā　擦　双音节　擦车

三音节　摩擦力　四音节　摩拳擦掌

多音节例句　镜子不擦不亮，脑子不用不灵。

国际中文等级标准　四级

单音节同音字　嚓

单音节　cāi 猜　双音节　猜想
三音节　猜谜语　四音节　两小无猜
多音节例句　觌面不干升斗事，悠悠南北谩猜量。
国际中文等级标准　五级
单音节同音字　（无）

单音节　cái 才　双音节　天才
三音节　高才生　四音节　才高八斗
多音节例句　楚国大夫沉汨水，洛阳才子谪长沙。
国际中文等级标准　二级
单音节同音字　材财裁

单音节　cǎi 彩　双音节　彩色
三音节　水彩画　四音节　张灯结彩
多音节例句　金龙对彩凤，獬豸对童牛。
国际中文等级标准　三级
单音节同音字　采睬踩

单音节　cài 菜　双音节　白菜
三音节　菜篮子　四音节　残羹剩菜
多音节例句　时挑野菜和根煮，旋斫生柴带叶烧。
国际中文等级标准　一级
单音节同音字　蔡

单音节　cān 餐　双音节　早餐
三音节　餐巾纸　四音节　风餐露宿

多音节例句　寒毡对暖席，夜饮对晨餐。

国际中文等级标准　二级

单音节同音字　参

单音节　cán 蚕　双音节　蚕丝

三音节　蚕宝宝　四音节　春蚕吐丝

多音节例句　蚕吐丝，蜂酿蜜。人不学，不如物。

国际中文等级标准　六级

单音节同音字　残惭

单音节　cǎn 惨　双音节　惨淡

三音节　惨兮兮　四音节　悲惨世界

多音节例句　旅次凄凉，塞月江风皆惨淡。

国际中文等级标准　六级

单音节同音字　（无）

单音节　càn 灿　双音节　灿烂

三音节　金灿灿　四音节　阳光灿烂

多音节例句　礼别尊卑，拱北众星常灿灿。

国际中文等级标准　七—九级

单音节同音字　璨

单音节　cāng　苍　双音节　苍凉

三音节　天苍苍　四音节　苍白无力

多音节例句　岩巅横老树，石磴覆苍苔。

国际中文等级标准　六级

单音节同音字　仓沧舱

单音节　cáng　　藏　双音节　珍藏
三音节　捉迷藏　四音节　藏龙卧虎
多音节例句　仙棋藏绿橘，客枕梦黄粱。
国际中文等级标准　六级
单音节同音字　（无）

单音节　cāo　操　双音节　操作
三音节　保健操　四音节　稳操胜券
多音节例句　良借箸，操提刀。香茶对醇醪。
国际中文等级标准　四级
单音节同音字　糙

单音节　cáo　曹　双音节　曹操
三音节　曹雪芹　四音节　阴曹地府
多音节例句　隔座送钩春酒暖，分曹射覆蜡灯红。
国际中文等级标准　七—九级
单音节同音字　嘈槽

单音节　cǎo　草　双音节　草原
三音节　含羞草　四音节　绿草如茵
多音节例句　离离原上草，一岁一枯荣。
国际中文等级标准　二级
单音节同音字　（无）

单音节　cè　策　双音节　政策
三音节　战国策　四音节　策马扬鞭
多音节例句　穿云采药闻仙犬，踏雪寻梅策蹇驴。
国际中文等级标准　四级

单音节同音字　　册厕侧测

单音节　　céng　　　层　双音节　　阶层
三音节　　大气层　　四音节　　层出不穷
多音节例句　　波浪千层，喜见蛟龙得水。
国际中文等级标准　　二级
单音节同音字　　曾

单音节　　cèng　　　蹭　双音节　　刮蹭
三音节　　蹭热度　　四音节　　磨磨蹭蹭
多音节例句　　中年不相见，蹭蹬游吴越。
国际中文等级标准　　七—九级
单音节同音字　　（无）

单音节　　chā 插　双音节　　插队
三音节　　插入语　　四音节　　直插云天
多音节例句　　遥知兄弟登高处，遍插茱萸少一人。
国际中文等级标准　　五级
单音节同音字　　叉杈差

单音节　　chá 茶　双音节　　茶水
三音节　　普洱茶　　四音节　　茶余饭后
多音节例句　　酽茶三两碗，意在镢头边。
国际中文等级标准　　一级
单音节同音字　　查猹察

单音节　　chà 差　双音节　　差评
三音节　　差不多　　四音节　　一字不差

多音节例句　晓来客籍差夸富，无数湘南剑外民。
国际中文等级标准　一级
单音节同音字　杈岔刹诧

单音节　chāi　　钗　双音节　玉钗
三音节　钗头凤　四音节　十二金钗
多音节例句　青龙壶老杖，白燕玉人钗。
国际中文等级标准　五级
单音节同音字　拆差

单音节　chái　　柴　双音节　火柴
三音节　柴油机　四音节　干柴烈火
多音节例句　花径风来逢客访，柴扉月到有僧敲。
国际中文等级标准　五级
单音节同音字　豺

单音节　chān　　掺　双音节　掺假
三音节　掺和着　四音节　良莠掺杂
多音节例句　忽然更作渔阳掺，黄云萧条白日暗。
国际中文等级标准　七—九级
单音节同音字　搀

单音节　chán　　蝉　双音节　貂蝉
三音节　蝉鸣声　四音节　金蝉脱壳
多音节例句　荒芦栖南雁，疏柳噪秋蝉。
国际中文等级标准　七—九级
单音节同音字　单婵禅馋缠潺

单音节　chǎn　　产　双音节　生产

三音节　破产法　四音节　物产丰富

多音节例句　灵丹产太虚，九转入重炉。

国际中文等级标准　三级

单音节同音字　铲

单音节　chàn　　颤　双音节　颤抖

三音节　颤巍巍　四音节　颤颤悠悠

多音节例句　画堂南畔见，一向偎人颤。

国际中文等级标准　七—九级

单音节同音字　羼韂

单音节　chāng　昌　双音节　昌明

三音节　武昌鱼　四音节　繁荣昌盛

多音节例句　鲁韦昌马，苗凤花方。

国际中文等级标准　六级

单音节同音字　猖娼鲳

单音节　cháng　长　双音节　长寿

三音节　长方形　四音节　取长补短

多音节例句　秦时明月汉时关，万里长征人未还。

国际中文等级标准　一级

单音节同音字　场肠尝常裳偿嫦徜

单音节　chǎng　场　双音节　场所

三音节　引力场　四音节　自由市场

多音节例句　醉卧沙场君莫笑，古来征战几人回？

国际中文等级标准　一级

单音节同音字　厂昶敞氅

单音节　chàng　　唱　双音节　唱片
三音节　合唱团　四音节　夫唱妇随
多音节例句　商女不知亡国恨，隔江犹唱后庭花。
国际中文等级标准　一级
单音节同音字　畅倡怅

单音节　chāo　　超　双音节　超过
三音节　超声波　四音节　超凡脱俗
多音节例句　卓尔难将正眼窥，迥超今古类难齐。
国际中文等级标准　二级
单音节同音字　抄吵钞

单音节　cháo　　朝　双音节　朝圣
三音节　南北朝　四音节　改朝换代
多音节例句　南朝四百八十寺，多少楼台烟雨中。
国际中文等级标准　三级
单音节同音字　巢嘲潮

单音节　chǎo　　吵　双音节　争吵
三音节　不要吵　四音节　大吵大闹
多音节例句　日斜欲返烟城去，柳下春般吵受呼。
国际中文等级标准　三级
单音节同音字　炒

单音节　chē　车　双音节　电车
三音节　自行车　四音节　车水马龙

多音节例句　朝天车奕奕，出塞马萧萧。

国际中文等级标准　一级

单音节同音字　（无）

单音节　chě 扯　双音节　扯皮

三音节　扯后腿　四音节　东拉西扯

多音节例句　浓雾渐低山渐出，林间一扯漾晴湖。

国际中文等级标准　七—九级

单音节同音字　尺

单音节　chè 彻　双音节　贯彻

三音节　彻骨凉　四音节　响彻云霄

多音节例句　唱彻五更天未晓，一墀月浸紫薇花。

国际中文等级标准　四级

单音节同音字　掣撤澈

单音节　chén　臣　双音节　臣民

三音节　大奸臣　四音节　俯首称臣

多音节例句　三纲者，君臣义。父子亲，夫妇顺。

国际中文等级标准　二级

单音节同音字　尘沉忱陈辰晨

单音节　chèn　趁　双音节　趁机

三音节　趁热闹　四音节　趁热打铁

多音节例句　半榻清风宜午梦，一犁好雨趁春耕。

国际中文等级标准　三级

单音节同音字　称衬

单音节　chēng　称　双音节　名称

三音节　评职称　四音节　称兄道弟

多音节例句　彼颖悟，人称奇。尔幼学，当效之。

国际中文等级标准　二级

单音节同音字　撑瞠铛

单音节　chéng　城　双音节　城市

三音节　城镇化　四音节　众志成城

多音节例句　春风一夜吹乡梦，又逐春风到洛城。

国际中文等级标准　二级

单音节同音字　成诚盛呈程丞承乘惩澄

单音节　chěng　逞　双音节　得逞

三音节　逞威风　四音节　逞强施威

多音节例句　周道衰，王纲坠。逞干戈，尚游说。

国际中文等级标准　七—九级

单音节同音字　骋

单音节　chèng　秤　双音节　秤砣

三音节　弹簧秤　四音节　秤斤注两

多音节例句　铢秤与缕雪，谁觉老陈陈？

国际中文等级标准　七—九级

单音节同音字　（无）

单音节　chī　吃　双音节　吃饭

三音节　吃不消　四音节　大吃一惊

多音节例句　一人吃一个，莫嫌没滋味。

国际中文等级标准　一级

单音节同音字　痴

单音节　chí 持　双音节　保持
三音节　持久战　四音节　坚持不懈
多音节例句　乌舍凌波肌似雪，亲持红叶索题诗。
国际中文等级标准　三级
单音节同音字　池弛驰迟

单音节　chǐ 耻　双音节　耻笑
三音节　真羞耻　四音节　不耻下问
多音节例句　欲济无舟楫，端居耻圣明。
国际中文等级标准　四级
单音节同音字　尺齿

单音节　chì 赤　双音节　赤字
三音节　赤裸裸　四音节　赤手空拳
多音节例句　赤日石林气，青天江海流。
国际中文等级标准　七—九级
单音节同音字　斥翅敕叱

单音节　chōng　冲　双音节　冲锋
三音节　气冲冲　四音节　一飞冲天
多音节例句　冲天香阵透长安，满城尽带黄金甲。
国际中文等级标准　三级
单音节同音字　充忡憧

单音节　chóng　虫　双音节　虫子
三音节　萤火虫　四音节　雕虫小技

多音节例句　今夜偏知春气暖，虫声新透绿窗纱。
国际中文等级标准　二级
单音节同音字　重崇

单音节　chǒng　宠　双音节　宠爱
三音节　宠物店　四音节　受宠若惊
多音节例句　沉香亭畔，娇杨擅宠起边风。
国际中文等级标准　六级
单音节同音字　（无）

单音节　chòng　冲　双音节　冲压
三音节　说话冲　四音节　酒味很冲
多音节例句　冲她这么努力，一定能学好中文。
国际中文等级标准　六级
单音节同音字　铳

单音节　chōu　抽　双音节　抽签
三音节　抽水机　四音节　釜底抽薪
多音节例句　抽刀断水水更流，举杯消愁愁更愁。
国际中文等级标准　四级
单音节同音字　（无）

单音节　chóu　酬　双音节　酬劳
三音节　有应酬　四音节　同工同酬
多音节例句　伍子欲酬渔父剑，韩生尝窃贾公香。
国际中文等级标准　五级
单音节同音字　仇绸稠愁筹

单音节　chǒu　　丑　双音节　丑角
三音节　丑小鸭　四音节　丑陋不堪
多音节例句　永和九年，岁在癸丑，暮春之初，会于会稽山阴之
　　　　　　兰亭。
国际中文等级标准　五级
单音节同音字　瞅

单音节　chòu　　臭　双音节　臭味
三音节　臭豆腐　四音节　遗臭万年
多音节例句　如恶恶臭，如好好色，此之谓自谦。
国际中文等级标准　五级
单音节同音字　（无）

单音节　chū　初　双音节　初级
三音节　初中生　四音节　初出茅庐
多音节例句　人之初，性本善。性相近，习相远。
国际中文等级标准　一级
单音节同音字　出

单音节　chú　除　双音节　除法
三音节　大扫除　四音节　排除万难
多音节例句　曾经沧海难为水，除却巫山不是云。
国际中文等级标准　三级
单音节同音字　厨橱锄雏

单音节　chǔ　楚　双音节　楚国
三音节　楚霸王　四音节　清清楚楚
多音节例句　天门中断楚江开，碧水东流至此回。

国际中文等级标准　二级

单音节同音字　处储础

单音节　chù 处　双音节　处理

三音节　教务处　四音节　心灵深处

多音节例句　行到水穷处，坐看云起时。

国际中文等级标准　二级

单音节同音字　（无）

单音节　chuāi　揣　双音节　怀揣

三音节　揣着手　四音节　揣进口袋

多音节例句　揣着明白装糊涂。

国际中文等级标准　七—九级

单音节同音字　（无）

单音节　chuǎi　揣　双音节　揣测

三音节　揣度着　四音节　不揣冒昧

多音节例句　酒兴潜倾倒，诗情暗揣摩。

国际中文等级标准　七—九级

单音节同音字　（无）

单音节　chuài　踹　双音节　踹门

三音节　用脚踹　四音节　猛地一踹

多音节例句　没注意一脚踹在烂泥里。

国际中文等级标准　七—九级

单音节同音字　（无）

单音节　chuān　川　双音节　川菜

三音节　冰川期　四音节　名山大川
多音节例句　送君还旧府，明月满前川。
国际中文等级标准　一级
单音节同音字　穿

单音节　chuán　船　双音节　船舶
三音节　老船长　四音节　水涨船高
多音节例句　停船暂借问，或恐是同乡。
国际中文等级标准　二级
单音节同音字　传

单音节　chuǎn　喘　双音节　咳喘
三音节　喘粗气　四音节　气喘吁吁
多音节例句　六月暑方剧，喘汗不支持。
国际中文等级标准　七—九级
单音节同音字　（无）

单音节　chuàn　串　双音节　串门
三音节　羊肉串　四音节　串亲访友
多音节例句　最忆阳关唱，真珠一串歌。
国际中文等级标准　六级
单音节同音字　（无）

单音节　chuāng　窗　双音节　窗帘
三音节　百叶窗　四音节　窗明几净
多音节例句　何当共剪西窗烛，却话巴山夜雨时。
国际中文等级标准　四级
单音节同音字　创疮

单音节　chuáng　床　双音节　起床
三音节　双人床　四音节　同床共枕
多音节例句　床前明月光，疑是地上霜。
国际中文等级标准　一级
单音节同音字　（无）

单音节　chuǎng　闯　双音节　闯荡
三音节　闯江湖　四音节　走南闯北
多音节例句　喁喁鱼闯萍，落落月经宿。
国际中文等级标准　五级
单音节同音字　（无）

单音节　chuàng　创　双音节　创造
三音节　创刊号　四音节　开创未来
多音节例句　路创李北海，岩开谢康乐。
国际中文等级标准　三级
单音节同音字　（无）

单音节　chuī　　炊　双音节　野炊
三音节　炊事员　四音节　袅袅炊烟
多音节例句　新霁铃声活，晨炊松叶香。
国际中文等级标准　二级
单音节同音字　吹

单音节　chuí　　垂　双音节　垂柳
三音节　垂直线　四音节　名垂青史
多音节例句　碧玉妆成一树高，万条垂下绿丝绦。
国际中文等级标准　七一九级

单音节同音字　捶锤

单音节　chūn　　春　双音节　春天
三音节　迎春花　四音节　满面春风
多音节例句　不知细叶谁裁出，二月春风似剪刀。
国际中文等级标准　二级
单音节同音字　椿

单音节　chún　　纯　双音节　纯洁
三音节　纯净水　四音节　纯洁无瑕
多音节例句　昔三后之纯粹兮，固众芳之所在。
国际中文等级标准　四级
单音节同音字　唇淳醇

单音节　chǔn　　蠢　双音节　蠢材
三音节　很愚蠢　四音节　蠢蠢欲动
多音节例句　古道自愚蠢，古言自包缠。
国际中文等级标准　七—九级
单音节同音字　（无）

单音节　chuō　　戳　双音节　戳穿
三音节　盖邮戳　四音节　戳脊梁骨
多音节例句　戳力共厮分，枭取可汗头。
国际中文等级标准　七—九级
单音节同音字　（无）

单音节　chuò　　绰　双音节　阔绰
三音节　取绰号　四音节　影影绰绰

多音节例句　掷地金声孙绰赋，回文锦字窦滔书。

国际中文等级标准　七—九级

单音节同音字　啜辍

单音节　cí　词　双音节　词语

三音节　潜台词　四音节　振振有词

多音节例句　楚俗饶词客，何人最往还。

国际中文等级标准　二级

单音节同音字　雌祠瓷茨辞慈鹚磁

单音节　cǐ　此　双音节　彼此

三音节　因此说　四音节　此起彼伏

多音节例句　只在此山中，云深不知处。

国际中文等级标准　三级

单音节同音字　跐

单音节　cì　赐　双音节　赐教

三音节　大赏赐　四音节　天赐良缘

多音节例句　绿槐夹道集昏鸦，敕使传宣坐赐茶。

国际中文等级标准　一级

单音节同音字　伺刺次

单音节　cōng　聪　双音节　聪慧

三音节　小聪明　四音节　耳聪目明

多音节例句　彼女子，且聪敏。尔男子，当自警。

国际中文等级标准　五级

单音节同音字　匆葱囱枞

单音节　cóng　　从　双音节　从来

三音节　从军行　四音节　从容不迫

多音节例句　露从今夜白，月是故乡明。

国际中文等级标准　一级

单音节同音字　丛淙

单音节　còu 凑　双音节　凑巧

三音节　凑热闹　四音节　东拼西凑

多音节例句　一番东拼西凑之后，他才勉强付了首付。

国际中文等级标准　七—九级

单音节同音字　（无）

单音节　cū 粗　双音节　粗糙

三音节　粗加工　四音节　粗制滥造

多音节例句　粗官不识字，好去伴诗翁。

国际中文等级标准　四级

单音节同音字　（无）

单音节　cù 促　双音节　促进

三音节　促生产　四音节　促膝谈心

多音节例句　岁月人间促，烟霞此地多。

国际中文等级标准　四级

单音节同音字　醋簇蹴

单音节　cuàn　　窜　双音节　窜改

三音节　流窜犯　四音节　四处逃窜

多音节例句　窜逐蛮荒幸不死，衣食才足甘长终。

国际中文等级标准　七—九级

单音节同音字　篡

单音节　cuī　催　双音节　催促
三音节　催眠曲　四音节　催人泪下
多音节例句　葡萄美酒夜光杯，欲饮琵琶马上催。
国际中文等级标准　七—九级
单音节同音字　崔摧

单音节　cuì　脆　双音节　脆弱
三音节　很干脆　四音节　清脆悦耳
多音节例句　风暖繁弦脆管，万家竞奏新声。
国际中文等级标准　五级
单音节同音字　翠粹

单音节　cūn　村　双音节　农村
三音节　小村庄　四音节　村夫野老
多音节例句　绿野凝烟，但听村前双牧笛。
国际中文等级标准　三级
单音节同音字　皴

单音节　cún　存　双音节　存款
三音节　存储卡　四音节　心存善念
多音节例句　海内存知己，天涯若比邻。
国际中文等级标准　三级
单音节同音字　蹲

单音节　cùn　寸　双音节　寸步
三音节　大尺寸　四音节　寸土寸金

多音节例句　读书不觉已春深，一寸光阴一寸金。

国际中文等级标准　四级

单音节同音字　吋

单音节　cuō 撮　双音节　撮合

三音节　一小撮　四音节　论文撮要

多音节例句　经既明，方读子。撮其要，记其事。

国际中文等级标准　七—九级

单音节同音字　搓

单音节　cuò 措　双音节　措辞

三音节　有措施　四音节　不知所措

多音节例句　艳冶风情天与措，清瘦肌肤冰雪妒。

国际中文等级标准　一级

单音节同音字　挫错

单音节　dā 搭　双音节　搭配

三音节　搭便车　四音节　牵线搭桥

多音节例句　白衫眠古巷，红索搭高枝。

国际中文等级标准　二级

单音节同音字　嗒答

单音节　dá 答　双音节　解答

三音节　抢答题　四音节　对答如流

多音节例句　报答春光知有处，应须美酒送生涯。

国际中文等级标准　一级

单音节同音字　达

单音节　dǎ　打　双音节　打击
三音节　打工仔　四音节　趁热打铁
多音节例句　打起黄莺儿，莫教枝上啼。
国际中文等级标准　一级
单音节同音字　（无）

单音节　dà　大　双音节　大陆
三音节　大本营　四音节　大快人心
多音节例句　一代天骄，成吉思汗，只识弯弓射大雕。
国际中文等级标准　一级
单音节同音字　（无）

单音节　dāi　呆　双音节　发呆
三音节　痴呆症　四音节　呆若木鸡
多音节例句　儿云翁买不须钱，奉赊痴呆千百年。
国际中文等级标准　五级
单音节同音字　待

单音节　dǎi　逮　双音节　逮住
三音节　逮逃犯　四音节　猫逮老鼠
多音节例句　我无一事逮古人，谪官却得神仙境。
国际中文等级标准　七—九级
单音节同音字　歹傣

单音节　dài　带　双音节　领带
三音节　安全带　四音节　拖泥带水
多音节例句　荷笠带斜阳，青山独归远。
国际中文等级标准　二级

单音节同音字　大待代袋贷怠逮戴

单音节　dān 担　双音节　担任
三音节　担当者　四音节　担惊受怕
多音节例句　无奈被些名利缚，无奈被他情担阁。
国际中文等级标准　二级
单音节同音字　丹单耽

单音节　dǎn 胆　双音节　胆量
三音节　肝胆区　四音节　胆略过人
多音节例句　肝胆此时俱破裂，一声江上侍郎来。
国际中文等级标准　五级
单音节同音字　掸

单音节　dàn 旦　双音节　元旦
三音节　刀马旦　四音节　通宵达旦
多音节例句　昏对旦，晦对明。久雨对新晴。
国际中文等级标准　一级
单音节同音字　石但担诞淡弹蛋

单音节　dāng　当　双音节　当今
三音节　当事人　四音节　独当一面
多音节例句　当窗理云鬓，对镜贴花黄。
国际中文等级标准　二级
单音节同音字　铛裆

单音节　dǎng　党　双音节　政党
三音节　民主党　四音节　党政机关

多音节例句　上党从来天下脊，先生元是古之儒。
国际中文等级标准　五级
单音节同音字　挡

单音节　dàng　荡　双音节　荡漾
三音节　芦苇荡　四音节　荡气回肠
多音节例句　荷花娇欲语，愁杀荡舟人。
国际中文等级标准　六级
单音节同音字　档

单音节　dāo　刀　双音节　刀刃
三音节　水果刀　四音节　刀枪不入
多音节例句　不知细叶谁裁出，二月春风似剪刀。
国际中文等级标准　三级
单音节同音字　叨

单音节　dǎo　岛　双音节　岛屿
三音节　珊瑚岛　四音节　岛瘦郊寒
多音节例句　水何澹澹，山岛竦峙。
国际中文等级标准　二级
单音节同音字　导捣倒祷蹈

单音节　dào　到　双音节　到达
三音节　到头来　四音节　马到成功
多音节例句　春风一夜吹乡梦，又逐春风到洛城。
国际中文等级标准　一级
单音节同音字　倒盗悼道稻

单音节　dé 德　双音节　德行
三音节　讲道德　四音节　功德无量
多音节例句　嗔是心中火，能烧功德林。
国际中文等级标准　一级
单音节同音字　得

单音节　de 的　双音节　有的
三音节　送货的　四音节　我的书包
多音节例句　他爱吃辣的。
国际中文等级标准　一级
单音节同音字　地得

单音节　děi 得　双音节　得亏
三音节　得一天　四音节　都得完成
多音节例句　干什么都得有一股干劲儿。
国际中文等级标准　四级
单音节同音字　（无）

单音节　dēng　灯　双音节　电灯
三音节　灯芯草　四音节　万家灯火
多音节例句　江天暮雨，客愁隔岸对渔灯。
国际中文等级标准　二级
单音节同音字　登

单音节　děng　等　双音节　等待
三音节　等一等　四音节　等闲之辈
多音节例句　等闲识得东风面，万紫千红总是春。
国际中文等级标准　一级

单音节同音字　戥

单音节　dèng　　瞪　双音节　瞪眼
三音节　直瞪瞪　四音节　目瞪口呆
多音节例句　何人可携玩，清景空瞪视。
国际中文等级标准　七—九级
单音节同音字　凳澄邓

单音节　dī　低　双音节　低价
三音节　低血糖　四音节　低三下四
多音节例句　燕草如碧丝，秦桑低绿枝。
国际中文等级标准　二级
单音节同音字　堤提滴

单音节　dí　笛　双音节　汽笛
三音节　吹笛子　四音节　笛声飘扬
多音节例句　谁家玉笛暗飞声，散入春风满洛城。
国际中文等级标准　四级
单音节同音字　狄迪的敌涤嘀嫡

单音节　dǐ　底　双音节　底线
三音节　无底洞　四音节　釜底抽薪
多音节例句　日照新妆水底明，风飘香袂空中举。
国际中文等级标准　三级
单音节同音字　抵

单音节　dì　地　双音节　地方
三音节　高粱地　四音节　地老天荒

· 38 ·

多音节例句　寂寞空庭春欲晚，梨花满地不开门。
国际中文等级标准　一级
单音节同音字　弟第递的帝蒂缔谛

单音节　diān　颠　双音节　颠倒
三音节　很颠簸　四音节　颠沛流离
多音节例句　他很小就过起了颠沛流离的生活。
国际中文等级标准　七—九级
单音节同音字　滇巅

单音节　diǎn　点　双音节　雨点
三音节　小数点　四音节　点石成金
多音节例句　身无彩凤双飞翼，心有灵犀一点通。
国际中文等级标准　一级
单音节同音字　典踮

单音节　diàn　电　双音节　电子
三音节　电视机　四音节　电闪雷鸣
多音节例句　紫电青虹腾剑气，高山流水识琴心。
国际中文等级标准　一级
单音节同音字　甸店惦垫淀奠殿

单音节　diāo　雕　双音节　雕刻
三音节　雕塑家　四音节　雕虫小技
多音节例句　湖上春光已破悭，湖边杨柳拂雕阑。
国际中文等级标准　七—九级
单音节同音字　刁叼凋碉貂

单音节　diào　　调　双音节　调查
三音节　调度室　四音节　调虎离山
多音节例句　忽闻歌古调，归思欲沾巾。
国际中文等级标准　二级
单音节同音字　吊钓掉

单音节　diē　跌　双音节　跌落
三音节　跌停板　四音节　跌跌撞撞
多音节例句　林翁硬如石，跌宕怀舞手。
国际中文等级标准　六级
单音节同音字　爹

单音节　dié　蝶　双音节　蝶泳
三音节　捉蝴蝶　四音节　招蜂惹蝶
多音节例句　庄生晓梦迷蝴蝶，望帝春心托杜鹃。
国际中文等级标准　七—九级
单音节同音字　迭碟谍叠

单音节　dīng　　丁　双音节　园丁
三音节　沙丁鱼　四音节　庖丁解牛
多音节例句　惶恐滩头说惶恐，零丁洋里叹零丁。
国际中文等级标准　七—九级
单音节同音字　叮盯钉町

单音节　dǐng　　顶　双音节　山顶
三音节　顶梁柱　四音节　顶天立地
多音节例句　会当凌绝顶，一览众山小。
国际中文等级标准　四级

单音节同音字　鼎

单音节　dìng　　定　双音节　决定
三音节　定调子　四音节　一言为定
多音节例句　春风且莫定，吹向玉阶飞。
国际中文等级标准　二级
单音节同音字　订钉

单音节　diū　丢　双音节　丢失
三音节　丢面子　四音节　丢三落四
多音节例句　尽把凡情丢却去，方能直上九重天。
国际中文等级标准　五级
单音节同音字　（无）

单音节　dōng　　东　双音节　东西
三音节　东半球　四音节　东奔西跑
多音节例句　天门中断楚江开，碧水东流至此回。
国际中文等级标准　一级
单音节同音字　冬

单音节　dǒng　　董　双音节　校董
三音节　董事会　四音节　选举董事
多音节例句　汉季失权柄，董卓乱天下。
国际中文等级标准　二级
单音节同音字　懂

单音节　dòng　　动　双音节　动作
三音节　动物园　四音节　楚楚动人

多音节例句　凉风吹夜雨，萧瑟动寒林。
国际中文等级标准　一级
单音节同音字　冻栋洞胴

单音节　dōu　都　双音节　全都
三音节　都是他　四音节　饭都凉了
多音节例句　闲坐悲君亦自悲，百年都是几多时。
国际中文等级标准　一级
单音节同音字　兜

单音节　dǒu　斗　双音节　斗胆
三音节　北斗星　四音节　斗转星移
多音节例句　碧天如练，光摇北斗阑干。
国际中文等级标准　七—九级
单音节同音字　抖蚪陡

单音节　dòu　豆　双音节　蚕豆
三音节　红小豆　四音节　豆蔻年华
多音节例句　红豆生南国，春来发几枝。
国际中文等级标准　四级
单音节同音字　斗逗痘

单音节　dū　都　双音节　首都
三音节　大都会　四音节　都市文化
多音节例句　最是一年春好处，绝胜烟柳满皇都。
国际中文等级标准　三级
单音节同音字　督嘟

单音节　dú　读　双音节　读者
三音节　读后感　四音节　读书写字
多音节例句　三更灯火五更鸡，正是男儿读书时。
国际中文等级标准　一级
单音节同音字　毒独犊

单音节　dǔ　赌　双音节　赌场
三音节　下赌注　四音节　聚众赌博
多音节例句　天地赌一掷，未能忘战争。
国际中文等级标准　四级
单音节同音字　肚堵笃睹

单音节　dù　渡　双音节　渡口
三音节　过渡期　四音节　远渡重洋
多音节例句　溪深树密无人处，唯有幽花渡水香。
国际中文等级标准　二级
单音节同音字　杜肚妒度

单音节　duān　端　双音节　端详
三音节　端午节　四音节　端端正正
多音节例句　无端狂笑无端哭，纵有欢肠已似冰。
国际中文等级标准　六级
单音节同音字　（无）

单音节　duǎn　短　双音节　短篇
三音节　短时期　四音节　取长补短
多音节例句　白头搔更短，浑欲不胜簪。
国际中文等级标准　二级

单音节同音字 （无）

单音节 duàn 断 双音节 判断
三音节 断舍离 四音节 源源不断
多音节例句 暮山云外断，新水月中平。
国际中文等级标准 二级
单音节同音字 段缎锻

单音节 duī 堆 双音节 土堆
三音节 反应堆 四音节 堆积如山
多音节例句 树杪风停声未息，花梢月上影成堆。
国际中文等级标准 五级
单音节同音字 （无）

单音节 duì 对 双音节 对联
三音节 相对论 四音节 门当户对
多音节例句 花开花落非僧事，自有清风对碧流。
国际中文等级标准 一级
单音节同音字 队兑

单音节 dūn 敦 双音节 敦促
三音节 游敦煌 四音节 朴实敦厚
多音节例句 徒作千里曲，弦绝念弥敦。
国际中文等级标准 五级
单音节同音字 吨蹲墩

单音节 dǔn 盹 双音节 醒盹
三音节 打盹儿 四音节 立盹行眠

多音节例句　春困秋乏夏打盹，睡不醒的冬三月。
国际中文等级标准　七—九级
单音节同音字　趸

单音节　dùn 盾　双音节　盾牌
三音节　矛盾论　四音节　自相矛盾
多音节例句　史臣书绝瑞，钩盾对嘉禾。
国际中文等级标准　三级
单音节同音字　钝顿

单音节　duō 多　双音节　多少
三音节　多媒体　四音节　多多益善
多音节例句　岁月人间促，烟霞此地多。
国际中文等级标准　一级
单音节同音字　哆咄

单音节　duó 夺　双音节　夺取
三音节　争夺战　四音节　强取豪夺
多音节例句　色夺歌人脸，香乱舞衣风。
国际中文等级标准　六级
单音节同音字　度踱

单音节　duǒ 朵　双音节　花朵
三音节　一朵花　四音节　大块朵颐
多音节例句　侍臣鹄立通明殿，一朵红云捧玉皇。
国际中文等级标准　五级
单音节同音字　垛躲

单音节　duò　惰　双音节　惰性
三音节　小懒惰　四音节　因循怠惰
多音节例句　养不教，父之过。教不严，师之惰。
国际中文等级标准　七—九级
单音节同音字　堕跺舵

单音节　é　峨　双音节　嵯峨
三音节　峨眉山　四音节　巍峨耸立
多音节例句　峨眉山月半轮秋，影入平羌江水流。
国际中文等级标准　六级
单音节同音字　俄娥鹅蛾额

单音节　ě　恶　双音节　恶心
三音节　真恶心　四音节　恶心呕吐
多音节例句　污水散发出令人恶心的臭味。
国际中文等级标准　四级
单音节同音字　（无）

单音节　è　恶　双音节　善恶
三音节　恶狠狠　四音节　恶贯满盈
多音节例句　如今好上高楼望，盖尽人间恶路岐。
国际中文等级标准　一级
单音节同音字　饿鄂鳄噩

单音节　ēn　恩　双音节　恩典
三音节　周恩来　四音节　恩将仇报
多音节例句　父子恩，夫妇从。兄则友，弟则恭。
国际中文等级标准　六级

单音节同音字 （无）

单音节　ér　儿　双音节　儿童
三音节　小儿子　四音节　孤儿寡母
多音节例句　无为在歧路，儿女共沾巾。
国际中文等级标准　一级
单音节同音字　而

单音节　ěr　耳　双音节　耳朵
三音节　耳边风　四音节　耳聪目明
多音节例句　闲闲两耳全无用，坐到晨鸡与暮钟。
国际中文等级标准　四级
单音节同音字　尔饵

单音节　èr　二　双音节　二者
三音节　二传手　四音节　说一不二
多音节例句　夜传衣钵曹溪去，铁树开花二月春。
国际中文等级标准　一级
单音节同音字　贰

单音节　fā　发　双音节　发展
三音节　发动机　四音节　发扬光大
多音节例句　不知近水花先发，疑是经冬雪未销。
国际中文等级标准　二级
单音节同音字　酦

单音节　fá　乏　双音节　缺乏
三音节　太乏力　四音节　人困马乏

多音节例句　扈从良可赋，终乏揽天才。

国际中文等级标准　五级

单音节同音字　伐阀筏罚

单音节　fǎ　法　双音节　法语

三音节　法国人　四音节　执法如山

多音节例句　白日传心净，青莲喻法微。

国际中文等级标准　二级

单音节同音字　砝

单音节　fà　发　双音节　理发

三音节　洗发水　四音节　千钧一发

多音节例句　黑发不知勤学早，白首方悔读书迟。

国际中文等级标准　二级

单音节同音字　珐

单音节　fān　番　双音节　番号

三音节　番茄酱　四音节　三番五次

多音节例句　不经一番寒彻骨，怎得梅花扑鼻香。

国际中文等级标准　四级

单音节同音字　帆翻藩

单音节　fán　繁　双音节　繁荣

三音节　繁体字　四音节　繁花似锦

多音节例句　若广学，惧其繁。但略说，能知原。

国际中文等级标准　三级

单音节同音字　凡烦

单音节　fǎn 反　双音节　反复
三音节　反对派　四音节　适得其反
多音节例句　忽反顾以游目兮，将往观乎四荒。
国际中文等级标准　三级
单音节同音字　返

单音节　fàn 范　双音节　模范
三音节　做示范　四音节　大家风范
多音节例句　尚有绨袍赠，应怜范叔寒。
国际中文等级标准　一级
单音节同音字　犯饭贩泛

单音节　fāng 　方　双音节　方程
三音节　正方形　四音节　千方百计
多音节例句　心地清净方为道，退步原来是向前。
国际中文等级标准　一级
单音节同音字　坊芳

单音节　fáng 　房　双音节　房屋
三音节　商品房　四音节　文房四宝
多音节例句　言从天竺寺，偶步下云房。
国际中文等级标准　一级
单音节同音字　防坊妨肪

单音节　fǎng 　访　双音节　访问
三音节　来访者　四音节　访亲问友
多音节例句　洛阳访才子，江岭作流人。
国际中文等级标准　三级

单音节同音字　仿纺

单音节　fàng　放　双音节　开放
三音节　放大镜　四音节　百花齐放
多音节例句　岸容待腊将舒柳，山意冲寒欲放梅。
国际中文等级标准　一级
单音节同音字　（无）

单音节　fēi 非　双音节　是非
三音节　非卖品　四音节　无可厚非
多音节例句　若非群玉山头见，会向瑶台月下逢。
国际中文等级标准　一级
单音节同音字　飞妃菲扉蜚霏

单音节　féi 肥　双音节　肥胖
三音节　肥皂剧　四音节　膘肥体壮
多音节例句　叶浮嫩绿酒初熟，橙切香黄蟹正肥。
国际中文等级标准　四级
单音节同音字　淝腓

单音节　fěi 匪　双音节　土匪
三音节　警匪片　四音节　匪夷所思
多音节例句　所守或匪亲，化为狼与豺。
国际中文等级标准　七—九级
单音节同音字　诽斐

单音节　fèi 费　双音节　费用
三音节　收费站　四音节　煞费苦心

多音节例句　梅雪争春未肯降，骚人阁笔费评章。

国际中文等级标准　三级

单音节同音字　肺废沸

单音节　fēn 分　双音节　分红

三音节　十分钟　四音节　一分为二

多音节例句　语路分明在，凭君仔细看。

国际中文等级标准　一级

单音节同音字　芬氛雾吩纷

单音节　fén 焚　双音节　焚烧

三音节　焚香炉　四音节　焚书坑儒

多音节例句　权阉肆，寇如林。李闯出，神器焚。

国际中文等级标准　七一九级

单音节同音字　坟

单音节　fěn 粉　双音节　粉碎

三音节　饺子粉　四音节　粉饰太平

多音节例句　一从梅粉褪残妆，涂抹新红上海棠。

国际中文等级标准　六级

单音节同音字　（无）

单音节　fèn 奋　双音节　奋斗

三音节　兴奋剂　四音节　振奋人心

多音节例句　艰难奋长戟，万古用一夫。

国际中文等级标准　二级

单音节同音字　分份粪愤

单音节　fēng　　丰　双音节　丰富

三音节　丰收年　四音节　五谷丰登

多音节例句　丰对俭，等对差。布袄对荆钗。

国际中文等级标准　一级

单音节同音字　风枫峰烽锋蜂封

单音节　féng　　逢　双音节　逢迎

三音节　喜相逢　四音节　枯木逢春

多音节例句　花径风来逢客访，柴扉月到有僧敲。

国际中文等级标准　七一九级

单音节同音字　冯缝

单音节　fěng　　讽　双音节　讥讽

三音节　讽刺剧　四音节　冷嘲热讽

多音节例句　繄公笑谭尔，讽玩良超然。

国际中文等级标准　七一九级

单音节同音字　（无）

单音节　fèng　　奉　双音节　信奉

三音节　奉献给　四音节　阿谀奉承

多音节例句　应是奉佛人，恐子就沦灭。

国际中文等级标准　六级

单音节同音字　凤俸缝

单音节　fó　佛　双音节　佛经

三音节　弥勒佛　四音节　求医拜佛

多音节例句　埋没一生心即佛，万年千载不成尘。

国际中文等级标准　六级

单音节同音字　（无）

单音节　fǒu　否　双音节　是否
三音节　否决权　四音节　不置可否
多音节例句　曲罢不知人在否，余音嘹亮尚飘空。
国际中文等级标准　三级
单音节同音字　缶

单音节　fū　夫　双音节　丈夫
三音节　夫妻店　四音节　夫唱妇随
多音节例句　熟览夫子诗，信知所言非。
国际中文等级标准　三级
单音节同音字　肤孵敷

单音节　fú　福　双音节　幸福
三音节　全家福　四音节　五福临门
多音节例句　养怡之福，可得永年。
国际中文等级标准　一级
单音节同音字　伏凫芙扶佛拂服俘浮符匍袯蝠幅

单音节　fǔ　辅　双音节　辅助
三音节　辅导员　四音节　相辅相成
多音节例句　城阙辅三秦，烽烟望五津。
国际中文等级标准　四级
单音节同音字　甫抚斧府俯釜腐

单音节　fù　富　双音节　富裕
三音节　国富论　四音节　发家致富

多音节例句　农民们走上了发家致富的道路。

国际中文等级标准　二级

单音节同音字　父付负阜复妇附咐赴副赋傅腹缚覆

单音节　gà　尬　双音节　尬聊

三音节　太尴尬　四音节　处境尴尬

多音节例句　他的神色十分尴尬。

国际中文等级标准　七一九级

单音节同音字　（无）

单音节　gāi　该　双音节　该当

三音节　不应该　四音节　就该如此

多音节例句　学无不该贯，吏治得其方。

国际中文等级标准　二级

单音节同音字　垓赅

单音节　gǎi　改　双音节　改革

三音节　改文章　四音节　改头换面

多音节例句　白首重来一梦中，青山不改旧时容。

国际中文等级标准　二级

单音节同音字　（无）

单音节　gài　概　双音节　概念

三音节　大概率　四音节　一概而论

多音节例句　连峰入户牖，胜概凌方壶。

国际中文等级标准　三级

单音节同音字　丐盖溉

单音节　gān 甘　双音节　甘甜

三音节　甘露寺　四音节　心甘情愿

多音节例句　朔方烽火照甘泉，长安飞将出祁连。

国际中文等级标准　一级

单音节同音字　干杆肝竿柑

单音节　gǎn 感　双音节　感恩

三音节　感叹号　四音节　感天动地

多音节例句　感时花溅泪，恨别鸟惊心。

国际中文等级标准　二级

单音节同音字　杆秆赶敢

单音节　gàn 绀　双音节　绀青

三音节　绀云垂　四音节　云鬟绀湿

多音节例句　断霞晚，笑折花归，绀纱低护灯蕊。

国际中文等级标准　一级

单音节同音字　干

单音节　gāng　刚　双音节　刚才

三音节　金刚经　四音节　血气方刚

多音节例句　刚被太阳收拾去，却教明月送将来。

国际中文等级标准　二级

单音节同音字　冈岗纲钢缸

单音节　gǎng　港　双音节　港湾

三音节　不冻港　四音节　港口货运

多音节例句　曲港跳鱼，圆荷泻露，寂寞无人见。

国际中文等级标准　六级

单音节同音字　岗

单音节　gàng　　杠　双音节　杠杆
三音节　敲竹杠　四音节　说话抬杠
多音节例句　二章一溪之水，不杠而涉。
国际中文等级标准　七—九级
单音节同音字　钢

单音节　gāo　高　双音节　高考
三音节　高科技　四音节　高高在上
多音节例句　众生诸佛不相侵，山自高兮水自深。
国际中文等级标准　一级
单音节同音字　羔糕膏篙

单音节　gǎo　稿　双音节　稿件
三音节　写稿子　四音节　投寄书稿
多音节例句　归日急翻行戍稿，把空名料理传身后。
国际中文等级标准　五级
单音节同音字　搞

单音节　gào　告　双音节　公告
三音节　报告会　四音节　告老还乡
多音节例句　清淮奉使千余里，敢告云山从此始。
国际中文等级标准　一级
单音节同音字　诰郜膏

单音节　gē　歌　双音节　歌曲
三音节　歌舞伎　四音节　歌声嘹亮

多音节例句　我歌月徘徊，我舞影零乱。
国际中文等级标准　一级
单音节同音字　戈疙哥胳鸽搁割

单音节　gé　阁　双音节　阁下
三音节　麒麟阁　四音节　空中楼阁
多音节例句　高阁逼诸天，登临近日边。
国际中文等级标准　三级
单音节同音字　革葛格隔骼

单音节　gè　个　双音节　个别
三音节　个体户　四音节　个休经济
多音节例句　两个黄鹂鸣翠柳，一行白鹭上青天。
国际中文等级标准　一级
单音节同音字　各

单音节　gěi　给　双音节　给力
三音节　给面子　四音节　给颜色看
多音节例句　农家乐给山村生活增添了色彩。
国际中文等级标准　一级
单音节同音字　（无）

单音节　gēn　根　双音节　根本
三音节　根据地　四音节　根深叶茂
多音节例句　本自同根生，相煎何太急。
国际中文等级标准　一级
单音节同音字　跟

单音节　gēng　　耕　双音节　耕耘
三音节　农耕地　四音节　男耕女织
多音节例句　桑野就耕父，荷锄随牧童。
国际中文等级标准　五级
单音节同音字　更赓

单音节　gěng　　梗　双音节　梗概
三音节　火柴梗　四音节　从中作梗
多音节例句　埂深安可越，魂通有时逞。
国际中文等级标准　七—九级
单音节同音字　耿哽

单音节　gèng　　更　双音节　更加
三音节　更好看　四音节　更胜一筹
多音节例句　劝君更尽一杯酒，西出阳关无故人。
国际中文等级标准　二级
单音节同音字　（无）

单音节　gōng　　公　双音节　公司
三音节　办公室　四音节　公而忘私
多音节例句　山舞银蛇，原驰蜡象，欲与天公试比高。
国际中文等级标准　一级
单音节同音字　工弓功攻供宫恭躬

单音节　gǒng　　拱　双音节　拱门
三音节　石拱桥　四音节　拱手相让
多音节例句　垂衣端拱浑闲事，忍把江山乞与人。
国际中文等级标准　六级

单音节同音字　巩

单音节　gòng　　共　双音节　公共
三音节　共同体　四音节　雅俗共赏
多音节例句　春心莫共花争发，一寸相思一寸灰！
国际中文等级标准　二级
单音节同音字　供贡

单音节　gōu　沟　双音节　　沟壑
三音节　小河沟　四音节　阴沟翻船
多音节例句　今日斗酒会，明旦沟水头。
国际中文等级标准　　五级
单音节同音字　勾钩

单音节　gǒu　苟　双音节　　苟且
三音节　不苟同　四音节　一丝不苟
多音节例句　苟不教，性乃迁。教之道，贵以专。
国际中文等级标准　二级
单音节同音字　狗

单音节　gòu　购　双音节　　采购
三音节　购买力　四音节　欲购从速
多音节例句　他去超市购买东西了。
国际中文等级标准　二级
单音节同音字　构够

单音节　gū　孤　双音节　　孤独
三音节　孤儿院　四音节　孤注一掷

多音节例句　孤山寺北贾亭西，水面初平云脚低。
国际中文等级标准　三级
单音节同音字　骨估咕姑辜

单音节　gǔ　鼓　双音节　鼓舞
三音节　钟鼓楼　四音节　一鼓作气
多音节例句　戍鼓断人行，边秋一雁声。
国际中文等级标准　三级
单音节同音字　古谷汩股骨

单音节　gù　固　双音节　固定
三音节　凝固点　四音节　固若金汤
多音节例句　这座楼房不但坚固实用，式样也很美观。
国际中文等级标准　二级
单音节同音字　锢故顾雇

单音节　guā　瓜　双音节　瓜分
三音节　哈密瓜　四音节　瓜田李下
多音节例句　潮落夜江斜月里，两三星火是瓜州。
国际中文等级标准　四级
单音节同音字　呱刮

单音节　guǎ　寡　双音节　寡淡
三音节　孤对寡　四音节　孤家寡人
多音节例句　得道者多助，失道者寡助。
国际中文等级标准　七—九级
单音节同音字　剐呱

单音节　guà　挂　双音节　挂历
三音节　挂号信　四音节　牵肠挂肚
多音节例句　日照香炉生紫烟，遥看瀑布挂前川。
国际中文等级标准　三级
单音节同音字　卦褂

单音节　guāi　　乖　双音节　乖巧
三音节　乖孩子　四音节　性情乖张
多音节例句　存亡永乖隔，不忍与之辞。
国际中文等级标准　七一九级
单音节同音字　（无）

单音节　guǎi　　拐　双音节　拐杖
三音节　往右拐　四音节　拐弯抹角
多音节例句　末年铁拐传仙诀，他日金锥择冢珠。
国际中文等级标准　六级
单音节同音字　（无）

单音节　guài　　怪　双音节　奇怪
三音节　怪不得　四音节　千奇百怪
多音节例句　怪石奔秋涧，寒藤挂古松。
国际中文等级标准　三级
单音节同音字　（无）

单音节　guān　　关　双音节　关键
三音节　关系网　四音节　关怀备至
多音节例句　秦时明月汉时关，万里长征人未还。
国际中文等级标准　一级

单音节同音字　观官冠棺

单音节　guǎn　　管　双音节　管理
三音节　管弦乐　四音节　双管齐下
多音节例句　不知何处吹芦管，一夜征人尽望乡。
国际中文等级标准　一级
单音节同音字　馆莞

单音节　guàn　　冠　双音节　冠名
三音节　冠军赛　四音节　弱冠之年
多音节例句　无路请缨，等终军之弱冠。
国际中文等级标准　二级
单音节同音字　贯惯灌鹳罐

单音节　guāng　　光　双音节　光明
三音节　光秃秃　四音节　光天化日
多音节例句　读书不觉已春深，一寸光阴一寸金。
国际中文等级标准　三级
单音节同音字　咣胱

单音节　guǎng　　广　双音节　广场
三音节　听广播　四音节　广阔天地
多音节例句　溪声便是广长舌，山色岂非清净身。
国际中文等级标准　二级
单音节同音字　犷

单音节　guàng　　逛　双音节　闲逛
三音节　逛马路　四音节　四处游逛

多音节例句　食肉定知无骨相，珂貂空自逛头颅。
国际中文等级标准　四级
单音节同音字　桄

单音节　guī规　双音节　规划
三音节　守规矩　四音节　循规蹈矩
多音节例句　绿遍山原白满川，子规声里雨如烟。
国际中文等级标准　三级
单音节同音字　归龟瑰

单音节　guǐ鬼　双音节　捣鬼
三音节　鬼门关　四音节　鬼鬼祟祟
多音节例句　可怜夜半虚前席，不问苍生问鬼神。
国际中文等级标准　五级
单音节同音字　诡轨

单音节　guì贵　双音节　珍贵
三音节　贵金属　四音节　难能可贵
多音节例句　富贵不淫贫贱乐，男儿到此是豪雄。
国际中文等级标准　一级
单音节同音字　柜剑桂跪

单音节　gǔn滚　双音节　滚动
三音节　摇滚乐　四音节　车轮滚滚
多音节例句　无边落木萧萧下，不尽长江滚滚来。
国际中文等级标准　五级
单音节同音字　辊鲧

单音节　gùn 棍　双音节　木棍
三音节　三节棍　四音节　刀枪棍棒
多音节例句　丹青旧誓相如札，禅榻经时杜牧情。
国际中文等级标准　七—九级
单音节同音字　（无）

单音节　guō 锅　双音节　锅巴
三音节　平底锅　四音节　锅碗瓢盆
多音节例句　廿两棉花装破被，三根松木煮空锅。
国际中文等级标准　五级
单音节同音字　郭蝈

单音节　guó 国　双音节　国家
三音节　国际法　四音节　保家卫国
多音节例句　国破山河在，城春草木深。
国际中文等级标准　一级
单音节同音字　帼虢

单音节　guǒ 果　双音节　成果
三音节　火龙果　四音节　果实累累
多音节例句　果珍李柰，菜重芥姜。
国际中文等级标准　一级
单音节同音字　裹

单音节　guò 过　双音节　过错
三音节　过家家　四音节　过眼云烟
多音节例句　草青仍过雨，山紫更斜阳。
国际中文等级标准　一级

单音节同音字　（无）

单音节　guo 过　双音节　来过
三音节　听说过　四音节　登过长城
多音节例句　爷爷没浪费过一点儿粮食。
国际中文等级标准　二级
单音节同音字　（无）

单音节　hā 哈　双音节　哈气
三音节　哈哈镜　四音节　嘻嘻哈哈
多音节例句　他把手放在嘴边哈了口气。
国际中文等级标准　三级
单音节同音字　（无）

单音节　hái 孩　双音节　男孩
三音节　孩子王　四音节　大人小孩
多音节例句　有人明此道，立使返婴孩。
国际中文等级标准　一级
单音节同音字　还

单音节　hǎi 海　双音节　海洋
三音节　海平线　四音节　海市蜃楼
多音节例句　谢却海棠飞尽絮，困人天气日初长。
国际中文等级标准　二级
单音节同音字　（无）

单音节　hài 害　双音节　害怕
三音节　害人虫　四音节　害群之马

多音节例句　志欲图篡弑，先害诸贤良。

国际中文等级标准　三级

单音节同音字　亥骇

单音节　hān 酣　双音节　酣梦

三音节　酣睡中　四音节　酣畅淋漓

多音节例句　浊酒停杯，容我半酣愁际饮。

国际中文等级标准　七—九级

单音节同音字　憨

单音节　hán 寒　双音节　寒冷

三音节　受了寒　四音节　寒气逼人

多音节例句　白云深处拥雷峰，几树寒梅带雪红。

国际中文等级标准　四级

单音节同音字　含函涵韩

单音节　hǎn 喊　双音节　呐喊

三音节　喊口号　四音节　大声叫喊

多音节例句　椎锣擂鼓转船头，席卷波翻喊激流。

国际中文等级标准　二级

单音节同音字　（无）

单音节　hàn 汉　双音节　汉朝

三音节　汉堡包　四音节　梁山好汉

多音节例句　秦时明月汉时关，万里长征人未还。

国际中文等级标准　一级

单音节同音字　汗旱撼憾翰瀚

单音节　háng　　航　双音节　　航行

三音节　宇航员　四音节　　航空母舰

多音节例句　秋水才深四五尺，野航恰受两三人。

国际中文等级标准　　二级

单音节同音字　行杭

单音节　háo 毫　双音节　　毫毛

三音节　羊毫笔　四音节　　明察秋毫

多音节例句　眼入毫端写竹真，枝掀叶举是精神。

国际中文等级标准　　四级

单音节同音字　号豪壕嚎

单音节　hǎo 好　双音节　　好人

三音节　好端端　四音节　　好事多磨

多音节例句　欲说还休，却道天凉好个秋。

国际中文等级标准　　一级

单音节同音字　郝

单音节　hào 浩　双音节　　浩气

三音节　浩大的　四音节　　浩浩荡荡

多音节例句　浩浩风起波，冥冥日沉夕。

国际中文等级标准　　一级

单音节同音字　号耗好

单音节　hē 喝　双音节　　吃喝

三音节　喝啤酒　四音节　　大吃大喝

多音节例句　只喝井里水，永远长不大。

国际中文等级标准　　一级

单音节同音字　呵

单音节　hé　和　双音节　和平
三音节　共和国　四音节　和气生财
多音节例句　清风扫残雪，和气带春回。
国际中文等级标准　一级
单音节同音字　禾合何河荷核劾盉涸

单音节　hè　贺　双音节　祝贺
三音节　贺年卡　四音节　恭贺新禧
多音节例句　驾长车，踏破贺兰山缺。
国际中文等级标准　五级
单音节同音字　吓和荷喝褐鹤

单音节　hēi　黑　双音节　黑板
三音节　黑黝黝　四音节　起早贪黑
多音节例句　雨在时时黑，春归处处青。
国际中文等级标准　二级
单音节同音字　嘿

单音节　hén　痕　双音节　泪痕
三音节　留痕迹　四音节　伤痕累累
多音节例句　纱窗日落渐黄昏，金屋无人见泪痕。
国际中文等级标准　七—九级
单音节同音字　（无）

单音节　hěn　很　双音节　很快
三音节　你很棒　四音节　我很爱你

多音节例句　往还迹徒新，很戾竟独迷。

国际中文等级标准　一级

单音节同音字　狠

单音节　hèn 恨　双音节　仇恨

三音节　恨不得　四音节　相见恨晚

多音节例句　长恨春归无觅处，不知转入此中来。

国际中文等级标准　五级

单音节同音字　（无）

单音节　hēng　哼　双音节　哼唱

三音节　哼歌曲　四音节　哼哼唧唧

多音节例句　夜半桥边呼孺子，人间犹有未烧书。

国际中文等级标准　七—九级

单音节同音字　亨

单音节　héng　横　双音节　横竖

三音节　横断面　四音节　横平竖直

多音节例句　横看成岭侧成峰，远近高低各不同。

国际中文等级标准　六级

单音节同音字　恒衡桁

单音节　hèng　横　双音节　蛮横

三音节　发横财　四音节　飞来横祸

多音节例句　看来他的态度还挺横。

国际中文等级标准　七—九级

单音节同音字　（无）

单音节　hōng　　轰　双音节　轰动
三音节　轰炸机　四音节　轰轰烈烈
多音节例句　轰轰混混乾坤动，万马雷声从地涌。
国际中文等级标准　七—九级
单音节同音字　哄烘

单音节　hóng　　虹　双音节　彩虹
三音节　霓虹灯　四音节　气贯长虹
多音节例句　两水夹明镜，双桥落彩虹。
国际中文等级标准　二级
单音节同音字　红宏洪鸿

单音节　hǒng　　哄　双音节　哄逗
三音节　哄孩子　四音节　连哄带骗
多音节例句　新来的保姆很会哄孩子。
国际中文等级标准　七—九级
单音节同音字　（无）

单音节　hòng　　哄　双音节　起哄
三音节　瞎起哄　四音节　一哄而散
多音节例句　人们跟着他一起起哄。
国际中文等级标准　七—九级
单音节同音字　讧

单音节　hóu　喉　双音节　喉咙
三音节　耳鼻喉　四音节　如鲠在喉
多音节例句　寒不能语，舌卷入喉。
国际中文等级标准　五级

单音节同音字　侯猴

单音节　hǒu 吼　双音节　怒吼
三音节　吼叫声　四音节　大吼大叫
多音节例句　泥牛吼水面，木马逐风嘶。
国际中文等级标准　七一九级
单音节同音字　（无）

单音节　hòu 厚　双音节　深厚
三音节　脸皮厚　四音节　厚积薄发
多音节例句　古贤崇笃厚，时辈喜诙谐。
国际中文等级标准　一级
单音节同音字　后候

单音节　hū 呼　双音节　称呼
三音节　深呼吸　四音节　前呼后拥
多音节例句　小时不识月，呼作白玉盘。
国际中文等级标准　二级
单音节同音字　乎忽惚

单音节　hú 湖　双音节　湖泊
三音节　淡水湖　四音节　五湖四海
多音节例句　最爱湖东行不足，绿杨阴里白沙堤。
国际中文等级标准　二级
单音节同音字　囫壶和核狐弧胡葫瑚蝴糊醐

单音节　hǔ 虎　双音节　虎口
三音节　东北虎　四音节　狐假虎威

多音节例句　夜深童子唤不起，猛虎一声山月高。
国际中文等级标准　五级
单音节同音字　浒唬琥

单音节　hù　护　双音节　爱护
三音节　保护伞　四音节　细心看护
多音节例句　一水护田将绿绕，两山排闼送青来。
国际中文等级标准　二级
单音节同音字　互户

单音节　huā　花　双音节　花园
三音节　花岗岩　四音节　花团锦簇
多音节例句　朱雀桥边野草花，乌衣巷口夕阳斜。
国际中文等级标准　一级
单音节同音字　哗

单音节　huá　华　双音节　华夏
三音节　华尔街　四音节　中华大地
多音节例句　锦瑟无端五十弦，一弦一柱思华年。
国际中文等级标准　三级
单音节同音字　划哗猾滑

单音节　huà　画　双音节　油画
三音节　画外音　四音节　诗情画意
多音节例句　昨夜星辰昨夜风，画楼西畔桂堂东。
国际中文等级标准　一级
单音节同音字　化划华话桦

单音节　huái　　怀　双音节　怀抱
三音节　有情怀　四音节　胸怀宽广
多音节例句　相顾无相识，长歌怀采薇。
国际中文等级标准　四级
单音节同音字　徊淮槐

单音节　huài　　坏　双音节　坏事
三音节　搞破坏　四音节　气急败坏
多音节例句　老僧已死成新塔，坏壁无由见旧题。
国际中文等级标准　一级
单音节同音字　（无）

单音节　huān　　欢　双音节　欢乐
三音节　联欢会　四音节　欢声笑语
多音节例句　老去悲秋强自宽，兴来今日尽君欢。
国际中文等级标准　一级
单音节同音字　獾

单音节　huán　　环　双音节　环境
三音节　环行山　四音节　环环相扣
多音节例句　画图省识春风面，环珮空归夜月魂。
国际中文等级标准　一级
单音节同音字　还

单音节　huǎn　　缓　双音节　缓慢
三音节　缓一缓　四音节　缓兵之计
多音节例句　细数落花因坐久，缓寻芳草得归迟。
国际中文等级标准　四级

单音节同音字　　（无）

单音节　huàn　　换　双音节　交换
三音节　换位置　四音节　改朝换代
多音节例句　千门万户曈曈日，总把新桃换旧符。
国际中文等级标准　二级
单音节同音字　幻唤焕浣患

单音节　huāng　　慌　双音节　慌忙
三音节　恐慌症　四音节　慌慌张张
多音节例句　凝心感魑魅，慌惚难具言。
国际中文等级标准　五级
单音节同音字　荒

单音节　huáng　　黄　双音节　黄昏
三音节　橘黄色　四音节　炎黄子孙
多音节例句　两个黄鹂鸣翠柳，一行白鹭上青天。
国际中文等级标准　二级
单音节同音字　皇凰惶煌蝗磺簧

单音节　huǎng　　恍　双音节　恍然
三音节　恍惚间　四音节　恍如隔世
多音节例句　恍恍与之去，驾鸿凌紫冥。
国际中文等级标准　七—九级
单音节同音字　晃幌谎

单音节　huàng　　晃　双音节　晃荡
三音节　晃悠悠　四音节　人影晃动

多音节例句　前声既春容，后声复晃荡。
国际中文等级标准　七—九级
单音节同音字　溷

单音节　huī 挥　双音节　挥舞
三音节　指挥家　四音节　借题发挥
多音节例句　挥手自兹去，萧萧班马鸣。
国际中文等级标准　四级
单音节同音字　灰恢辉晖徽

单音节　huí 回　双音节　回复
三音节　回归线　四音节　有去无回
多音节例句　少小离家老大回，乡音无改鬓毛衰。
国际中文等级标准　一级
单音节同音字　茴洄蛔

单音节　huǐ 悔　双音节　后悔
三音节　悔不该　四音节　悔恨终身
多音节例句　黑发不知勤学早，白首方悔读书迟。
国际中文等级标准　五级
单音节同音字　毁

单音节　huì 会　双音节　会面
三音节　会议室　四音节　聚精会神
多音节例句　会当凌绝顶，一览众山小。
国际中文等级标准　一级
单音节同音字　卉汇诲贿绘惠慧

单音节　hūn 婚　双音节　婚姻

三音节　结婚证　四音节　指腹为婚

多音节例句　昔别君未婚，儿女忽成行。

国际中文等级标准　三级

单音节同音字　昏荤

单音节　hún 魂　双音节　魂魄

三音节　民族魂　四音节　魂飞魄散

多音节例句　清明时节雨纷纷，路上行人欲断魂。

国际中文等级标准　七—九级

单音节同音字　浑混馄

单音节　hùn 混　双音节　混乱

三音节　混合物　四音节　鱼龙混杂

多音节例句　八月湖水平，涵虚混太清。

国际中文等级标准　六级

单音节同音字　诨

单音节　huō 豁　双音节　豁开

三音节　豁口子　四音节　豁出性命

多音节例句　狂风烈焰虽千尺，豁得平生俊气无。

国际中文等级标准　七—九级

单音节同音字　攉劐嚯

单音节　huó 活　双音节　活力

三音节　活生生　四音节　活灵活现

多音节例句　问渠那得清如许，为有源头活水来。

国际中文等级标准　二级

单音节同音字　和

单音节　huǒ 火　双音节　火柴
三音节　死火山　四音节　热情似火
多音节例句　月落乌啼霜满天，江枫渔火对愁眠。
国际中文等级标准　一级
单音节同音字　伙

单音节　huò 货　双音节　货物
三音节　提货单　四音节　通货膨胀
多音节例句　货无大小，缺者便贵。
国际中文等级标准　二级
单音节同音字　或惑和获祸豁

单音节　jī 机　双音节　机器
三音节　计算机　四音节　机缘巧合
多音节例句　酒逢知己千杯少，话不投机半句多。
国际中文等级标准　一级
单音节同音字　击圾几讥叽饥肌鸡奇唧积屐基箕稽激姬畿

单音节　jí 集　双音节　集合
三音节　集体舞　四音节　集思广益
多音节例句　绿槐夹道集昏鸦，敕使传宣坐赐茶。
国际中文等级标准　二级
单音节同音字　及吉级极即急疾棘辑嫉瘠籍

单音节　jǐ 己　双音节　己方
三音节　自己人　四音节　知己知彼

多音节例句　海内存知己，天涯若比邻。

国际中文等级标准　一级

单音节同音字　几挤济给脊

单音节　jì　继　双音节　继续

三音节　继承人　四音节　前赴后继

多音节例句　继文遵后轨，循古鉴前王。

国际中文等级标准　一级

单音节同音字　计记纪伎系忌际季剂迹济既技祭寄寂绩鲫冀

单音节　jiā　家　双音节　家园

三音节　书法家　四音节　家喻户晓

多音节例句　烽火连三月，家书抵万金。

国际中文等级标准　一级

单音节同音字　加夹佳伽枷嘉

单音节　jiá　颊　双音节　面颊

三音节　红脸颊　四音节　双颊绯红

多音节例句　须臾日射胭脂颊，一朵红苏旋欲融。

国际中文等级标准　七—九级

单音节同音字　夹荚

单音节　jiǎ　甲　双音节　指甲

三音节　穿山甲　四音节　丢盔卸甲

多音节例句　黄沙百战穿金甲，不破楼兰终不还。

国际中文等级标准　二级

单音节同音字　假贾岬

单音节　jià　价　双音节　价值

三音节　报价表　四音节　无价之宝

多音节例句　易求无价宝，难得有心郎。

国际中文等级标准　一级

单音节同音字　驾架假嫁稼

单音节　jiān　　间　双音节　时间

三音节　直播间　四音节　彼此之间

多音节例句　如今好上高楼望，盖尽人间恶路岐。

国际中文等级标准　一级

单音节同音字　尖奸歼坚肩艰监兼煎笺

单音节　jiǎn　　剪　双音节　剪彩

三音节　剪刀差　四音节　剪裁得体

多音节例句　不知细叶谁裁出，二月春风似剪刀。

国际中文等级标准　二级

单音节同音字　拣茧柬俭捡检减简

单音节　jiàn　　见　双音节　会见

三音节　长见识　四音节　见风使舵

多音节例句　今人不见古人月，今月曾经照古人。

国际中文等级标准　一级

单音节同音字　间涧贱溅建健键舰渐践毽鉴箭件荐剑

单音节　jiāng　　将　双音节　将来

三音节　将军府　四音节　将计就计

多音节例句　欲将心事付瑶琴。知音少，弦断有谁听？

国际中文等级标准　三级

单音节同音字　　江姜浆僵缰疆

单音节　jiǎng　讲　双音节　讲话
三音节　讲故事　四音节　走上讲台
多音节例句　诵诗闻国政，讲易见天心。
国际中文等级标准　二级
单音节同音字　奖桨蒋

单音节　jiàng　降　双音节　降雨
三音节　降落伞　四音节　天降甘霖
多音节例句　西望瑶池降王母，东来紫气满函关。
国际中文等级标准　四级
单音节同音字　匠将酱强犟

单音节　jiāo　交　双音节　交通
三音节　交响乐　四音节　交相辉映
多音节例句　醒时相交欢，醉后各分散。
国际中文等级标准　一级
单音节同音字　郊跤浇娇骄胶教椒焦礁

单音节　jiáo　嚼　双音节　嚼舌
三音节　有嚼头　四音节　细嚼慢咽
多音节例句　辇前才人带弓箭，白马嚼啮黄金勒。
国际中文等级标准　七—九级
单音节同音字　矫

单音节　jiǎo　角　双音节　角落
三音节　好望角　四音节　钩心斗角

多音节例句　蝶衣晒粉花枝舞，蛛网添丝屋角晴。

国际中文等级标准　二级

单音节同音字　狡饺绞皎侥矫脚搅剿缴

单音节　jiào　教　双音节　教师

三音节　教科书　四音节　谆谆教导

多音节例句　养不教，父之过。教不严，师之惰。

国际中文等级标准　一级

单音节同音字　校较轿窖酵叫觉

单音节　jiē　阶　双音节　阶梯

三音节　阶段性　四音节　资产阶级

多音节例句　天阶夜色凉如水，卧看牵牛织女星。

国际中文等级标准　二级

单音节同音字　节皆结接揭街

单音节　jié　节　双音节　节日

三音节　节能灯　四音节　厉行节约

多音节例句　好雨知时节，当春乃发生。

国际中文等级标准　二级

单音节同音字　洁结诘捷睫截竭劫杰

单音节　jiě　解　双音节　解答

三音节　解放军　四音节　疑惑不解

多音节例句　朔风如解意，容易莫摧残。

国际中文等级标准　一级

单音节同音字　姐

单音节　jiè 界　双音节　世界

三音节　分界线　四音节　眼界宽阔

多音节例句　世界微尘里，吾宁爱与憎。

国际中文等级标准　一级

单音节同音字　介戒诫借

单音节　jīn 今　双音节　今天

三音节　《今晚报》　四音节　古往今来

多音节例句　只今便道即今句，梅子熟时栀子香。

国际中文等级标准　一级

单音节同音字　巾斤金津筋禁襟

单音节　jǐn 紧　双音节　紧张

三音节　松紧带　四音节　紧密相连

多音节例句　尘劳迥脱事非常，紧把绳头做一场。

国际中文等级标准　三级

单音节同音字　仅尽锦谨

单音节　jìn 进　双音节　前进

三音节　进行曲　四音节　进退两难

多音节例句　一曲升平人共乐，君王又进紫霞杯。

国际中文等级标准　一级

单音节同音字　仅尽烬近劲晋浸禁

单音节　jīng　京　双音节　北京

三音节　京津冀　四音节　京韵大鼓

多音节例句　烽火照西京，心中自不平。

国际中文等级标准　一级

单音节同音字　茎经荆旌惊鲸晶睛精

单音节　jǐng　　景　双音节　景气
三音节　风景区　四音节　景色宜人
多音节例句　诗家清景在新春，绿柳才黄半未匀。
国际中文等级标准　三级
单音节同音字　井阱颈憬警

单音节　jìng　　静　双音节　寂静
三音节　静悄悄　四音节　静若止水
多音节例句　人闲桂花落，夜静春山空。
国际中文等级标准　一级
单音节同音字　劲径净竞竟境镜敬

单音节　jiǒng　　炯　双音节　炯然
三音节　陈炯明　四音节　炯炯有神
多音节例句　手写留屯奏，炯炯寸心丹。
国际中文等级标准　七—九级
单音节同音字　窘

单音节　jiū　究　双音节　探究
三音节　研究会　四音节　不可追究
多音节例句　凡训蒙，须讲究。详训诂，明句读。
国际中文等级标准　四级
单音节同音字　纠揪

单音节　jiǔ　酒　双音节　酒精
三音节　酒吧间　四音节　酒兴正浓

多音节例句　借问酒家何处有，牧童遥指杏花村。
国际中文等级标准　一级
单音节同音字　九久灸

单音节　jiù 救　双音节　救助
三音节　救生圈　四音节　救死扶伤
多音节例句　斜拔玉钗灯影畔，剔开红焰救飞蛾。
国际中文等级标准　一级
单音节同音字　旧疚就臼舅

单音节　jū 居　双音节　居住
三音节　居民楼　四音节　居高临下
多音节例句　单车欲问边，属国过居延。
国际中文等级标准　四级
单音节同音字　车拘驹狙裾掬鞠

单音节　jú 局　双音节　局长
三音节　工商局　四音节　局促不安
多音节例句　老妻画纸为棋局，稚子敲针作钓钩。
国际中文等级标准　四级
单音节同音字　橘菊

单音节　jǔ 举　双音节　举行
三音节　举办方　四音节　举一反三
多音节例句　举杯邀明月，对影成三人。
国际中文等级标准　二级
单音节同音字　咀沮矩

单音节　jù　巨　双音节　巨人
三音节　巨无霸　四音节　事无巨细
多音节例句　昨夜江边春水生，艨艟巨舰一毛轻。
国际中文等级标准　二级
单音节同音字　拒炬距具俱惧剧据锯踞聚句

单音节　juān　　娟　双音节　娟秀
三音节　共婵娟　四音节　字迹娟秀
多音节例句　但愿人长久，千里共婵娟。
国际中文等级标准　六级
单音节同音字　捐涓鹃

单音节　juǎn　　卷　双音节　内卷
三音节　卷帘子　四音节　卷土重来
多音节例句　昨夜题梅更一字，早春来燕卷重帘。
国际中文等级标准　四级
单音节同音字　锩

单音节　juàn　　倦　双音节　疲倦
三音节　有倦意　四音节　孜孜不倦
多音节例句　龙潜终得跃，鸟倦亦知还。
国际中文等级标准　四级
单音节同音字　卷隽绢

单音节　jué　决　双音节　决定
三音节　下决心　四音节　决胜千里
多音节例句　荡胸生层云，决眦入归鸟。
国际中文等级标准　一级

单音节同音字　诀角觉绝倔掘爵嚼

单音节　juè 倔　双音节　倔强
三音节　倔脾气　四音节　倔头倔脑
多音节例句　既出，倔强如初。
国际中文等级标准　七—九级
单音节同音字　（无）

单音节　jūn 均　双音节　均匀
三音节　平均数　四音节　势均力敌
多音节例句　月到天心，远近楼台均照耀。
国际中文等级标准　四级
单音节同音字　军君钧菌

单音节　jùn 峻　双音节　峻峭
三音节　太险峻　四音节　崇山峻岭
多音节例句　冀枝叶之峻茂兮，愿俟时乎吾将刈。
国际中文等级标准　七—九级
单音节同音字　俊骏竣郡

单音节　kā 咖　双音节　咖啡
三音节　咖啡因　四音节　美式咖啡
多音节例句　时光就像一杯咖啡。
国际中文等级标准　三级
单音节同音字　喀

单音节　kǎ 卡　双音节　卡车
三音节　卡路里　四音节　卡拉 OK

多音节例句　刷手机消费逐渐代替刷卡消费。
国际中文等级标准　二级
单音节同音字　咯咔

单音节　kāi 开　双音节　开车
三音节　开幕式　四音节　开开心心
多音节例句　遥怜故园菊，应傍战场开。
国际中文等级标准　一级
单音节同音字　揩

单音节　kǎi 凯　双音节　凯歌
三音节　凯旋门　四音节　奏凯而归
多音节例句　凯风自南，吹彼棘心。
国际中文等级标准　七—九级
单音节同音字　慨楷

单音节　kān 刊　双音节　书刊
三音节　创刊号　四音节　刊谬补缺
多音节例句　周公佐成王，金縢功不刊。
国际中文等级标准　六级
单音节同音字　看勘堪

单音节　kǎn 槛　双音节　门槛
三音节　门槛高　四音节　踢破门槛
多音节例句　所谓门槛，过去了就是门，没过去就成了槛。
国际中文等级标准　七—九级
单音节同音字　坎砍侃

单音节　kàn 看　双音节　看见
三音节　看风景　四音节　看风使舵
多音节例句　看取莲花净，应知不染心。
国际中文等级标准　一级
单音节同音字　瞰

单音节　kāng　　康　双音节　健康
三音节　康乃馨　四音节　康庄大道
多音节例句　况复筋骸粗康健，那堪时节正芳菲。
国际中文等级标准　二级
单音节同音字　慷

单音节　káng　　扛　双音节　扛枪
三音节　扛长工　四音节　手提肩扛
多音节例句　卯金扛九鼎，把菊醉胡床。
国际中文等级标准　七—九级
单音节同音字　（无）

单音节　kàng　　抗　双音节　反抗
三音节　抗生素　四音节　负隅顽抗
多音节例句　匡衡抗疏功名薄，刘向传经心事违。
国际中文等级标准　六级
单音节同音字　亢炕

单音节　kǎo 考　双音节　考试
三音节　考大学　四音节　经受考验
多音节例句　古人谁不死，何必较考折。
国际中文等级标准　一级

单音节同音字　拷烤

单音节　kào 靠　双音节　依靠
三音节　靠得住　四音节　无依无靠
多音节例句　楼上谁家红袖，靠阑干无力。
国际中文等级标准　二级
单音节同音字　铐

单音节　kē 科　双音节　科幻
三音节　科学家　四音节　科教兴国
多音节例句　稻根科斗行如快，田水今年一尺宽。
国际中文等级标准　二级
单音节同音字　棵稞颗磕蝌苛

单音节　ké 壳　双音节　贝壳
三音节　乌龟壳　四音节　破壳而出
多音节例句　蜗牛背着那重重的壳，一步一步地往上爬。
国际中文等级标准　五级
单音节同音字　咳

单音节　kě 可　双音节　可以
三音节　可见度　四音节　可乘之机
多音节例句　可叹往年至今日，任运还同不系舟。
国际中文等级标准　一级
单音节同音字　渴

单音节　kè 客　双音节　客人
三音节　必胜客　四音节　宾客满堂

多音节例句　空门寂寂淡吾身，溪雨微微洗客尘。

国际中文等级标准　一级

单音节同音字　克刻课

单音节　kěn 恳　双音节　恳请

三音节　恳切地　四音节　勤勤恳恳

多音节例句　所以古贤圣，恳恳垂训辞。

国际中文等级标准　五级

单音节同音字　肯啃垦

单音节　kēng　坑　双音节　坑道

三音节　深水坑　四音节　坑坑洼洼

多音节例句　长乐沙坑郑了然，不依本分要参禅。

国际中文等级标准　七—九级

单音节同音字　吭

单音节　kōng　空　双音节　空气

三音节　空间站　四音节　空穴来风

多音节例句　春雪满空来，触处似花开。

国际中文等级标准　二级

单音节同音字　（无）

单音节　kǒng　孔　双音节　孔雀

三音节　孔夫子　四音节　孔武有力

多音节例句　不是道人来引笑，周情孔思正追寻。

国际中文等级标准　三级

单音节同音字　恐

单音节　kòng　控　双音节　调控

三音节　控制室　四音节　情绪失控

多音节例句　早知乘四载，疏凿控三巴。

国际中文等级标准　二级

单音节同音字　空

单音节　kōu　抠　双音节　抠门

三音节　抠字眼　四音节　死抠书本

多音节例句　抠衣三十年前事，曾以诸生傍绛纱。

国际中文等级标准　七一九级

单音节同音字　眍

单音节　kǒu　口　双音节　口腔

三音节　口香糖　四音节　口齿伶俐

多音节例句　牧童归去横牛背，短笛无腔信口吹。

国际中文等级标准　一级

单音节同音字　（无）

单音节　kòu　寇　双音节　外寇

三音节　追穷寇　四音节　视若寇仇

多音节例句　北极朝廷终不改，西山寇盗莫相侵。

国际中文等级标准　六级

单音节同音字　叩扣

单音节　kū　枯　双音节　枯萎

三音节　枯树枝　四音节　枯木逢春

多音节例句　离离原上草，一岁一枯荣。

国际中文等级标准　二级

单音节同音字　哭窟堀

单音节　kǔ　苦　双音节　艰苦
三音节　苦孩子　四音节　苦思冥想
多音节例句　心事同漂泊，生涯共苦辛。
国际中文等级标准　三级
单音节同音字　（无）

单音节　kù　库　双音节　仓库
三音节　小金库　四音节　库存商品
多音节例句　静拂琴床席，香开酒库门。
国际中文等级标准　三级
单音节同音字　裤酷

单音节　kuā　夸　双音节　夸奖
三音节　太夸张　四音节　夸夸其谈
多音节例句　昔日龌龊不足夸，今朝放荡思无涯。
国际中文等级标准　七—九级
单音节同音字　姱

单音节　kuǎ　垮　双音节　垮掉
三音节　垮下来　四音节　松松垮垮
多音节例句　洪水再大也冲不垮坚固的堤坝。
国际中文等级标准　七—九级
单音节同音字　侉

单音节　kuà　跨　双音节　跨越
三音节　跨年度　四音节　跨国公司

多音节例句　骝马新跨白玉鞍，战罢沙场月色寒。

国际中文等级标准　六级

单音节同音字　挎

单音节　kuài　　快　双音节　快乐

三音节　快递员　四音节　快马加鞭

多音节例句　何当金络脑，快走踏清秋。

国际中文等级标准　一级

单音节同音字　会块筷

单音节　kuān　　宽　双音节　宽容

三音节　宽心丸　四音节　宽宏大量

多音节例句　老去悲秋强自宽，兴来今日尽君欢。

国际中文等级标准　四级

单音节同音字　（无）

单音节　kuǎn　　款　双音节　货款

三音节　支付款　四音节　款款深情

多音节例句　穿花蛱蝶深深见，点水蜻蜓款款飞。

国际中文等级标准　五级

单音节同音字　（无）

单音节　kuāng　　匡　双音节　匡复

三音节　做匡算　四音节　匡扶正义

多音节例句　幼习业，壮致身。上匡国，下利民。

国际中文等级标准　七—九级

单音节同音字　筐

单音节　kuáng　狂　双音节　狂言

三音节　狂犬病　四音节　欣喜若狂

多音节例句　癫狂柳絮随风舞，轻薄桃花逐水流。

国际中文等级标准　五级

单音节同音字　（无）

单音节　kuàng　旷　双音节　旷野

三音节　旷课生　四音节　心旷神怡

多音节例句　野旷天低树，江清月近人。

国际中文等级标准　三级

单音节同音字　框眶况矿

单音节　kuī 亏　双音节　亏待

三音节　拉亏空　四音节　吃亏是福

多音节例句　恨君却似江楼月，暂满还亏。

国际中文等级标准　五级

单音节同音字　盔窥

单音节　kuí 葵　双音节　葵花

三音节　向日葵　四音节　葵花向阳

多音节例句　山中习静观朝槿，松下清斋折露葵。

国际中文等级标准　七—九级

单音节同音字　魁

单音节　kuì 愧　双音节　愧疚

三音节　很惭愧　四音节　问心无愧

多音节例句　为邦自古推瑚琏，从政于今愧斗筲。

国际中文等级标准　七—九级

单音节同音字　溃

单音节　kūn 昆　双音节　昆曲
三音节　昆虫记　四音节　昆仑之水
多音节例句　丽水良金皆待冶，昆山美玉总须磨。
国际中文等级标准　七一九级
单音节同音字　坤

单音节　kǔn 捆　双音节　捆绑
三音节　捆起来　四音节　一捆柴火
多音节例句　坐此观捆载，落日樵腹饥。
国际中文等级标准　七一九级
单音节同音字　悃

单音节　kùn 困　双音节　困扰
三音节　贫困生　四音节　人困马乏
多音节例句　黄师塔前江水东，春光懒困倚微风。
国际中文等级标准　三级
单音节同音字　（无）

单音节　kuò 阔　双音节　阔别
三音节　摆阔气　四音节　广阔天空
多音节例句　契阔死生君莫问，行云流水一孤僧。
国际中文等级标准　四级
单音节同音字　括廓扩

单音节　lā 拉　双音节　拉扯
三音节　拉力赛　四音节　东拉西扯

多音节例句　闻君有他心，拉杂摧烧之。

国际中文等级标准　二级

单音节同音字　啦

单音节　lǎ　喇　双音节　喇叭

三音节　喇叭花　四音节　吹起喇叭

多音节例句　霜晨月，马蹄声碎，喇叭声咽。

国际中文等级标准　七—九级

单音节同音字　（无）

单音节　là　辣　双音节　辣椒

三音节　酸辣汤　四音节　麻辣火锅

多音节例句　香辣更衣后，钗梁拢鬓新。

国际中文等级标准　四级

单音节同音字　腊蜡落

单音节　la　啦　双音节　好啦！

三音节　太好啦！　四音节　你回来啦？

多音节例句　因为下雨，河水又涨啦。

国际中文等级标准　六级

单音节同音字　（无）

单音节　lái　来　双音节　来到

三音节　来得及　四音节　来来往往

多音节例句　春雪满空来，触处似花开。

国际中文等级标准　一级

单音节同音字　莱

单音节　lài 赖　双音节　赖账

三音节　有赖于　四音节　百无聊赖

多音节例句　索咸籍赖，卓蔺屠蒙。

国际中文等级标准　六级

单音节同音字　濑

单音节　lán 蓝　双音节　蓝领

三音节　蓝宝石　四音节　蔚蓝天空

多音节例句　蓝水远从千涧落，玉山高并两峰寒。

国际中文等级标准　二级

单音节同音字　兰拦栏澜斓岚婪篮

单音节　lǎn 览　双音节　阅览

三音节　观览车　四音节　一览无余

多音节例句　会当凌绝顶，一览众山小。

国际中文等级标准　五级

单音节同音字　缆懒

单音节　làn 滥　双音节　泛滥

三音节　滥收费　四音节　滥竽充数

多音节例句　鸂鸥鸂鸬，氾滥乎其上。

国际中文等级标准　五级

单音节同音字　烂

单音节　láng　　廊　双音节　长廊

三音节　开画廊　四音节　河西走廊

多音节例句　客栖胜地，风飘落叶响空廊。

国际中文等级标准　四级

单音节同音字　狼郎螂

单音节　lǎng　　朗　双音节　爽朗
三音节　朗读者　四音节　朗朗上口
多音节例句　风清对月朗，地阔对天开。
国际中文等级标准　五级
单音节同音字　（无）

单音节　làng　　浪　双音节　波浪
三音节　新浪潮　四音节　乘风破浪
多音节例句　三冬寒冽，漫天雪浪驻征帆。
国际中文等级标准　三级
单音节同音字　（无）

单音节　lāo　捞　双音节　捞鱼
三音节　捞好处　四音节　大海捞针
多音节例句　万古碧潭空界月，再三捞摝始应知。
国际中文等级标准　七一九级
单音节同音字　（无）

单音节　láo　劳　双音节　劳碌
三音节　劳动者　四音节　任劳任怨
多音节例句　尘劳迥脱事非常，紧把绳头做一场。
国际中文等级标准　五级
单音节同音字　唠

单音节　lǎo　老　双音节　老师
三音节　老朋友　四音节　老当益壮

多音节例句　溪水清涟树老苍，行穿溪树踏春阳。

国际中文等级标准　一级

单音节同音字　姥

单音节　lào 烙　双音节　烙饼

三音节　烙衣服　四音节　历史烙印

多音节例句　金羁玉勒绣罗鞍，鞭箠刻烙伤天全，不如此图近
　　　　　　自然。

国际中文等级标准　七—九级

单音节同音字　涝酪

单音节　lè 乐　双音节　快乐

三音节　乐呵呵　四音节　乐不思蜀

多音节例句　万事从人，有花有酒应自乐。

国际中文等级标准　二级

单音节同音字　勒

单音节　le 了　双音节　好了

三音节　下雨了　四音节　天快黑了

多音节例句　莫等闲，白了少年头，空悲切。

国际中文等级标准　一级

单音节同音字　（无）

单音节　lēi 勒　双音节　勒住

三音节　勒脖子　四音节　勒紧裤带

多音节例句　大家要勒紧裤带，共渡难关。

国际中文等级标准　七—九级

单音节同音字　（无）

单音节　léi 雷　双音节　雷达
三音节　雷阵雨　四音节　雷打不动
多音节例句　飒飒东风细雨来，芙蓉塘外有轻雷。
国际中文等级标准　四级
单音节同音字　累镭

单音节　lěi 累　双音节　积累
三音节　累进制　四音节　伤痕累累
多音节例句　词源倒峡，连篇累牍自滔滔。
国际中文等级标准　四级
单音节同音字　垒磊蕾

单音节　lèi 泪　双音节　眼泪
三音节　泪汪汪　四音节　泪如雨下
多音节例句　感时花溅泪，恨别鸟惊心。
国际中文等级标准　一级
单音节同音字　累类

单音节　léng　棱　双音节　棱角
三音节　三棱镜　四音节　见棱见角
多音节例句　平明寻白羽，没在石棱中。
国际中文等级标准　七—九级
单音节同音字　楞

单音节　lěng　冷　双音节　寒冷
三音节　冷藏室　四音节　冷若冰霜
多音节例句　中庭地白树栖鸦，冷露无声湿桂花。
国际中文等级标准　一级

单音节同音字 （无）

单音节 lèng 愣 双音节 发愣
三音节 愣小子 四音节 愣头愣脑
多音节例句 他听了，不觉愣了一愣。
国际中文等级标准 七一九级
单音节同音字 （无）

单音节 lí 离 双音节 距离
三音节 离心力 四音节 离经叛道
多音节例句 与君离别意，同是宦游人。
国际中文等级标准 二级
单音节同音字 厘狸梨犁漓璃篱黎鹂

单音节 lǐ 理 双音节 总理
三音节 理发店 四音节 理直气壮
多音节例句 连理枝头花正开，妒花风雨便相催。
国际中文等级标准 一级
单音节同音字 礼李里鲤

单音节 lì 利 双音节 利用
三音节 便利店 四音节 利害得失
多音节例句 冰清对玉润，地利对人和。
国际中文等级标准 二级
单音节同音字 力历厉立吏丽励戾俐莉痢例隶荔栗砾笠粒

单音节 liǎ 俩 双音节 俩人
三音节 夫妇俩 四音节 仨瓜俩枣

多音节例句　老将出马，一个顶俩。

国际中文等级标准　四级

单音节同音字　（无）

单音节　lián　连　双音节　连接

三音节　连锁店　四音节　连绵不绝

多音节例句　烽火连三月，家书抵万金。

国际中文等级标准　三级

单音节同音字　怜帘联莲鲢廉镰

单音节　liǎn　脸　双音节　脸庞

三音节　脸谱化　四音节　嬉皮笑脸

多音节例句　荷叶罗裙一色裁，芙蓉向脸两边开。

国际中文等级标准　二级

单音节同音字　敛

单音节　liàn　练　双音节　教练

三音节　练习本　四音节　勤学苦练

多音节例句　我有一方便，价值百匹练。

国际中文等级标准　二级

单音节同音字　恋炼链

单音节　liáng　良　双音节　善良

三音节　良心话　四音节　良辰吉日

多音节例句　从此无心爱良夜，任他明月下西楼。

国际中文等级标准　二级

单音节同音字　梁粱凉量粮

单音节　liǎng　两　双音节　两岸
三音节　两口子　四音节　两小无猜
多音节例句　两岸青山相对出，孤帆一片日边来。
国际中文等级标准　一级
单音节同音字　俩

单音节　liàng　量　双音节　力量
三音节　降雨量　四音节　量力而为
多音节例句　蚍蜉撼大树，可笑不自量。
国际中文等级标准　二级
单音节同音字　谅晾亮辆

单音节　liáo　撩　双音节　撩逗
三音节　撩惹人　四音节　撩人心弦
多音节例句　穿篱新笋，乱分春意撩人家。
国际中文等级标准　四级
单音节同音字　辽疗僚潦缭燎寮聊

单音节　liǎo　了　双音节　了结
三音节　了不起　四音节　了如指掌
多音节例句　岱宗夫如何？齐鲁青未了。
国际中文等级标准　三级
单音节同音字　燎

单音节　liào　料　双音节　料理
三音节　原材料　四音节　料事如神
多音节例句　世事茫茫难自料，春愁黯黯独成眠。
国际中文等级标准　四级

单音节同音字　瞭镣

单音节　liě　咧　双音节　咧咧
三音节　瞎咧咧　四音节　大大咧咧
多音节例句　他们认为男生大都大大咧咧，不拘小节。
国际中文等级标准　七—九级
单音节同音字　（无）

单音节　liě　咧　双音节　咧嘴
三音节　咧一咧　四音节　龇牙咧嘴
多音节例句　咧咧林蜩鸣，翩翩鸣鹦翔。
国际中文等级标准　七—九级
单音节同音字　裂

单音节　liè　列　双音节　列席
三音节　列车员　四音节　日本列岛
多音节例句　众星罗列夜明深，岩点孤灯月未沉。
国际中文等级标准　三级
单音节同音字　冽烈裂猎劣

单音节　līn　拎　双音节　拎包
三音节　拎着桶　四音节　拎包入住
多音节例句　陶家篱落菊花开，醉拎西风立钓台。
国际中文等级标准　七—九级
单音节同音字　（无）

单音节　lín　林　双音节　森林
三音节　林荫道　四音节　枪林弹雨

多音节例句　苍苍竹林寺，杳杳钟声晚。
国际中文等级标准　四级
单音节同音字　淋琳粼嶙鳞邻临

单音节　lìn 赁　双音节　出赁
三音节　租赁制　四音节　房屋租赁
多音节例句　我居田野间，粜米如赁佣。
国际中文等级标准　七—九级
单音节同音字　吝蔺

单音节　líng　铃　双音节　哑铃
三音节　摇铃铛　四音节　掩耳盗铃
多音节例句　八月好修攀桂斧，三春须系护花铃。
国际中文等级标准　一级
单音节同音字　伶玲聆龄凌陵零灵

单音节　lǐng　领　双音节　领带
三音节　领导者　四音节　遥遥领先
多音节例句　突营射杀呼延将，独领残兵千骑归。
国际中文等级标准　三级
单音节同音字　岭

单音节　lìng　令　双音节　命令
三音节　军令状　四音节　令行禁止
多音节例句　遂令天下父母心，不重生男重生女。
国际中文等级标准　三级
单音节同音字　另

单音节　liū　溜　双音节　　溜边
三音节　溜冰鞋　四音节　　溜须拍马
多音节例句　酒涵花影红光溜，争忍花前不醉归。
国际中文等级标准　　七—九级
单音节同音字　熘蹓

单音节　liú　留　双音节　　留守
三音节　留学生　四音节　　片甲不留
多音节例句　只缘春欲尽，留著伴梨花。
国际中文等级标准　　二级
单音节同音字　流琉硫榴刘

单音节　liǔ　柳　双音节　　杨柳
三音节　柳叶眉　四音节　　柳暗花明
多音节例句　羌笛何须怨杨柳，春风不度玉门关。
国际中文等级标准　　七—九级
单音节同音字　绺

单音节　liù　六　双音节　　六个
三音节　六弦琴　四音节　　六神无主
多音节例句　稻粱菽，麦黍稷。此六谷，人所食。
国际中文等级标准　　一级
单音节同音字　陆溜遛蹓

单音节　lóng　　龙　双音节　　龙舟
三音节　龙须面　四音节　　龙飞凤舞
多音节例句　故园东望路漫漫，双袖龙钟泪不干。
国际中文等级标准　　三级

单音节同音字　茏珑胧眬聋笼隆

单音节　lǒng　陇　双音节　陇西
三音节　陇海线　四音节　得陇望蜀
多音节例句　上马带吴钩，翩翩度陇头。
国际中文等级标准　七—九级
单音节同音字　垄笼

单音节　lóu　楼　双音节　楼宇
三音节　教学楼　四音节　亭台楼阁
多音节例句　春雨楼头尺八箫，何时归看浙江潮？
国际中文等级标准　一级
单音节同音字　娄喽偻蝼

单音节　lǒu　搂　双音节　搂着
三音节　搂一搂　四音节　搂搂抱抱
多音节例句　疑抛云上锅，欲搂天边球。
国际中文等级标准　七—九级
单音节同音字　篓

单音节　lòu　漏　双音节　泄漏
三音节　说漏嘴　四音节　漏洞百出
多音节例句　金炉香烬漏声残，翦翦轻风阵阵寒。
国际中文等级标准　五级
单音节同音字　陋露

单音节　lú　炉　双音节　炉火
三音节　电磁炉　四音节　炉火纯青

多音节例句　日照香炉生紫烟，遥看瀑布挂前川。
国际中文等级标准　六级
单音节同音字　卢芦庐颅

单音节　lǔ　鲁　双音节　鲁莽
三音节　普鲁士　四音节　态度粗鲁
多音节例句　彩云萧史驻，文字鲁恭留。
国际中文等级标准　七—九级
单音节同音字　虏掳

单音节　lù　路　双音节　路灯
三音节　柏油路　四音节　路不拾遗
多音节例句　黄昏半在下山路，却听泉声恋翠微。
国际中文等级标准　一级
单音节同音字　录碌鹿漉麓赂露陆

单音节　lǚ　旅　双音节　旅游
三音节　旅行社　四音节　空中之旅
多音节例句　时难年荒世业空，弟兄羁旅各西东。
国际中文等级标准　二级
单音节同音字　吕侣铝屡缕履

单音节　lǜ　律　双音节　自律
三音节　主旋律　四音节　千篇一律
多音节例句　闰余成岁，律吕调阳。
国际中文等级标准　二级
单音节同音字　虑滤率绿

单音节　luán　峦　双音节　峰峦
三音节　山峦中　四音节　层峦叠嶂
多音节例句　林对坞，岭对峦。昼永对春闲。
国际中文等级标准　七—九级
单音节同音字　挛栾銮鸾滦

单音节　luǎn　卵　双音节　产卵
三音节　鹅卵石　四音节　以卵击石
多音节例句　紫极宫中鸟抱卵，银河浪里兔推轮。
国际中文等级标准　七—九级
单音节同音字　（无）

单音节　luàn　乱　双音节　凌乱
三音节　乱糟糟　四音节　以假乱真
多音节例句　乱花渐欲迷人眼，浅草才能没马蹄。
国际中文等级标准　三级
单音节同音字　（无）

单音节　lüè　略　双音节　侵略
三音节　省略号　四音节　略胜一筹
多音节例句　若广学，惧其繁。但略说，能知原。
国际中文等级标准　六级
单音节同音字　掠

单音节　lūn　抡　双音节　抡拳
三音节　抡铁锤　四音节　抡起手臂
多音节例句　抡起铁锤打铁。
国际中文等级标准　七—九级

单音节同音字　（无）

单音节　lún 轮　双音节　年轮
三音节　独轮车　四音节　轮流坐庄
多音节例句　峨眉山月半轮秋，影入平羌江水流。
国际中文等级标准　四级
单音节同音字　仑伦抡囵

单音节　lùn 论　双音节　理论
三音节　论文集　四音节　论功行赏
多音节例句　无论去与住，俱是梦中人。
国际中文等级标准　二级
单音节同音字　（无）

单音节　luó 罗　双音节　罗马
三音节　罗曼史　四音节　天罗地网
多音节例句　荷叶罗裙一色裁，芙蓉向脸两边开。
国际中文等级标准　五级
单音节同音字　萝逻锣箩骡螺

单音节　luǒ 裸　双音节　裸露
三音节　赤裸裸　四音节　赤身裸体
多音节例句　懒摇白羽扇，裸袒青林中。
国际中文等级标准　七—九级
单音节同音字　（无）

单音节　luò 落　双音节　失落
三音节　降落伞　四音节　落花流水

多音节例句　月落乌啼霜满天，江枫渔火对愁眠。
国际中文等级标准　三级
单音节同音字　洛骆络烙

单音节　mā　妈　双音节　姨妈
三音节　孩子妈　四音节　婆婆妈妈
多音节例句　惟声荐矣，妈醉歆焉。
国际中文等级标准　一级
单音节同音字　抹摩

单音节　má　麻　双音节　麻花
三音节　亚麻籽　四音节　麻木不仁
多音节例句　年老心闲无外事，麻衣草座亦容身。
国际中文等级标准　三级
单音节同音字　蟆

单音节　mǎ　马　双音节　骏马
三音节　马拉松　四音节　马到成功
多音节例句　但使龙城飞将在，不教胡马度阴山。
国际中文等级标准　一级
单音节同音字　玛码蚂

单音节　mà　骂　双音节　谩骂
三音节　不辱骂　四音节　打情骂俏
多音节例句　醉则骑马归，颇遭官长骂。
国际中文等级标准　五级
单音节同音字　蚂

单音节　ma　吗　双音节　对吗？

三音节　你好吗？　　四音节　你吃了吗？

多音节例句　难道大家说得不对吗？

国际中文等级标准　一级

单音节同音字　嘛

单音节　mái 埋　双音节　埋藏

三音节　埋伏圈　四音节　埋头苦干

多音节例句　埋没一生心即佛，万年千载不成尘。

国际中文等级标准　六级

单音节同音字　霾

单音节　mǎi 买　双音节　购买

三音节　买卖人　四音节　招兵买马

多音节例句　几度卖来还自买，难为牙保人，为怜松竹引清风。

国际中文等级标准　一级

单音节同音字　（无）

单音节　mài 麦　双音节　麦冬

三音节　麦芽糖　四音节　金色麦浪

多音节例句　夜来南风起，小麦覆陇黄。

国际中文等级标准　二级

单音节同音字　迈卖脉

单音节　mán 瞒　双音节　隐瞒

三音节　瞒不住　四音节　瞒天过海

多音节例句　忽然撞着来时路，始觉平生被眼瞒。

国际中文等级标准　六级

单音节同音字　埋蛮馒

单音节　mǎn 满　双音节　满意
三音节　满负荷　四音节　满城风雨
多音节例句　寂寞空庭春欲晚，梨花满地不开门。
国际中文等级标准　二级
单音节同音字　（无）

单音节　màn 漫　双音节　浪漫
三音节　路漫漫　四音节　漫不经心
多音节例句　却看妻子愁何在，漫卷诗书喜欲狂。
国际中文等级标准　一级
单音节同音字　曼蔓慢

单音节　máng　忙　双音节　匆忙
三音节　忙叨叨　四音节　忙里偷闲
多音节例句　莺懒燕忙三月雨，蚕摧蝉退一天秋。
国际中文等级标准　一级
单音节同音字　芒盲氓茫

单音节　mǎng　莽　双音节　莽撞
三音节　草莽汉　四音节　鲁莽行事
多音节例句　腹中贮书一万卷，不肯低头在草莽。
国际中文等级标准　七一九级
单音节同音字　蟒

单音节　māo 猫　双音节　猫眼
三音节　大熊猫　四音节　猫哭老鼠

多音节例句　闲折海榴过翠径，雪猫戏扑风花影。

国际中文等级标准　二级

单音节同音字　（无）

单音节　máo 毛　双音节　毛巾

三音节　毛毛虫　四音节　毛遂自荐

多音节例句　少小离家老大回，乡音无改鬓毛衰。

国际中文等级标准　一级

单音节同音字　矛茅牦

单音节　mào 貌　双音节　面貌

三音节　讲礼貌　四音节　貌合神离

多音节例句　歌婉转，貌婵娟。雪鼓对云笺。

国际中文等级标准　三级

单音节同音字　茂冒帽贸

单音节　me 么　双音节　那么

三音节　怎么办　四音节　为了什么

多音节例句　无论遇到什么波折，我们都要坚持下去。

国际中文等级标准　一级

单音节同音字　（无）

单音节　méi 梅　双音节　梅雨

三音节　一剪梅　四音节　梅花三弄

多音节例句　白云深处拥雷峰，几树寒梅带雪红。

国际中文等级标准　一级

单音节同音字　玫枚眉嵋莓霉媒煤没

单音节　měi 美　双音节　美丽

三音节　美滋滋　四音节　美不胜收

多音节例句　葡萄美酒夜光杯，欲饮琵琶马上催。

国际中文等级标准　三级

单音节同音字　每

单音节　mèi 妹　双音节　姐妹

三音节　农家妹　四音节　弟弟妹妹

多音节例句　姊妹弟兄皆列土，可怜光彩生门户。

国际中文等级标准　一级

单音节同音字　昧魅媚

单音节　mēn 闷　双音节　闷热

三音节　闷沉沉　四音节　闷声不响

多音节例句　闭则热而闷。

国际中文等级标准　七一九级

单音节同音字　（无）

单音节　mén 门　双音节　门户

三音节　喜临门　四音节　门庭若市

多音节例句　渔郎行入深林处，轻叩柴扉问起居。

国际中文等级标准　一级

单音节同音字　扪

单音节　mèn 闷　双音节　郁闷

三音节　闷葫芦　四音节　闷闷不乐

多音节例句　愁闻剑戟扶危主，闷见笙歌聒醉人。

国际中文等级标准　七一九级

单音节同音字　焖懑

单音节　men 们　双音节　他们
三音节　同学们　四音节　小女孩们
多音节例句　与朋友交游，须将他们好处留心学来。
国际中文等级标准　一级
单音节同音字　（无）

单音节　mēng　蒙　双音节　蒙骗
三音节　蒙蒙亮　四音节　蒙头转向
多音节例句　这道题我蒙对了。
国际中文等级标准　六级
单音节同音字　（无）

单音节　méng　蒙　双音节　启蒙
三音节　蒙太奇　四音节　蒙混过关
多音节例句　水光潋滟晴方好，山色空蒙雨亦奇。
国际中文等级标准　六级
单音节同音字　萌盟檬曚朦

单音节　měng　猛　双音节　猛烈
三音节　猛不防　四音节　突飞猛进
多音节例句　夜深童子唤不起，猛虎一声山月高。
国际中文等级标准　六级
单音节同音字　蒙

单音节　mèng　梦　双音节　梦想
三音节　白日梦　四音节　梦笔生花

多音节例句　白首重来一梦中，青山不改旧时容。
国际中文等级标准　四级
单音节同音字　孟

单音节　mí　迷　双音节　迷惑
三音节　迷彩服　四音节　迷离扑朔
多音节例句　云树高低迷古墟，问津何处觅长沮。
国际中文等级标准　三级
单音节同音字　弥谜

单音节　mǐ　米　双音节　米饭
三音节　平方米　四音节　柴米油盐
多音节例句　卢陵米价逐年新，道听虚传未必真。
国际中文等级标准　一级
单音节同音字　靡芈

单音节　mì　秘　双音节　神秘
三音节　小秘密　四音节　秘而不宣
多音节例句　灵物郄珍怪，异人秘精魂。
国际中文等级标准　四级
单音节同音字　密蜜觅泌

单音节　mián　绵　双音节　绵延
三音节　小绵羊　四音节　连绵不断
多音节例句　霞映武陵桃淡淡，烟荒隋堤柳绵绵。
国际中文等级标准　五级
单音节同音字　眠棉

单音节　miǎn　　勉　双音节　勉励
三音节　不勉强　四音节　与君共勉
多音节例句　勤有功，戏无益。戒之哉，宜勉力。
国际中文等级标准　四级
单音节同音字　　免冕渑

单音节　miàn　　面　双音节　面具
三音节　方便面　四音节　面面俱到
多音节例句　不识庐山真面目，只缘身在此山中。
国际中文等级标准　一级
单音节同音字　　（无）

单音节　miáo　　苗　双音节　苗圃
三音节　小麦苗　四音节　拔苗助长
多音节例句　鲁韦昌马，苗凤花方。
国际中文等级标准　四级
单音节同音字　　描瞄

单音节　miǎo　　秒　双音节　秒表
三音节　一秒钟　四音节　争分夺秒
多音节例句　护索郊行秋夜秒，无心万籁自悲鸣。
国际中文等级标准　五级
单音节同音字　　渺缈藐

单音节　miào　　庙　双音节　寺庙
三音节　孔子庙　四音节　春节庙会
多音节例句　禹庙空山里，秋风落日斜。
国际中文等级标准　六级

单音节同音字　妙

单音节　miè 灭　双音节　消灭
三音节　灭火器　四音节　灰飞烟灭
多音节例句　千山鸟飞绝，万径人踪灭。
国际中文等级标准　六级
单音节同音字　蔑

单音节　mín 民　双音节　人民
三音节　民法典　四音节　民不聊生
多音节例句　幼习业，壮致身。上匡国，下利民。
国际中文等级标准　三级
单音节同音字　岷

单音节　mǐn 敏　双音节　敏感
三音节　灵敏度　四音节　身手敏捷
多音节例句　彼女子，且聪敏。尔男子，当自警。
国际中文等级标准　五级
单音节同音字　抿悯皿

单音节　míng　名　双音节　名字
三音节　实名制　四音节　名不虚传
多音节例句　古来青史谁不见，今见功名胜古人。
国际中文等级标准　一级
单音节同音字　明鸣冥铭

单音节　mìng　命　双音节　生命
三音节　本命年　四音节　命里注定

多音节例句　闻道玉门犹被遮，应将性命逐轻车。

国际中文等级标准　三级

单音节同音字　（无）

单音节　miù 谬　双音节　谬论

三音节　归谬法　四音节　荒谬绝伦

多音节例句　今言"华"如"华实"之"华"者，盖音谬也。

国际中文等级标准　七—九级

单音节同音字　缪

单音节　mō 摸　双音节　摸索

三音节　摸底考　四音节　捉摸不定

多音节例句　眼处心生句自神，暗中摸索总非真。

国际中文等级标准　四级

单音节同音字　（无）

单音节　mó 磨　双音节　磨炼

三音节　磨刀石　四音节　不可磨灭

多音节例句　古镜不磨还自照，淡烟和露湿秋光。

国际中文等级标准　四级

单音节同音字　馍膜模摹摩蘑魔

单音节　mǒ 抹　双音节　涂抹

三音节　抹眼泪　四音节　一抹残阳

多音节例句　欲把西湖比西子，淡妆浓抹总相宜。

国际中文等级标准　七—九级

单音节同音字　（无）

单音节　mò　末　双音节　末日
三音节　末尾数　四音节　本末倒置
多音节例句　木末芙蓉花，山中发红萼。
国际中文等级标准　二级
单音节同音字　没沫茉莫暮漠寞墨默磨陌脉

单音节　móu　谋　双音节　谋生
三音节　阴谋家　四音节　足智多谋
多音节例句　争名如逐鹿，谋利似趋蝇。
国际中文等级标准　六级
单音节同音字　牟眸缪

单音节　mǒu　某　双音节　某年
三音节　某些人　四音节　某人某事
多音节例句　首孝悌，次见闻。知某数，识某文。
国际中文等级标准　三级
单音节同音字　（无）

单音节　mú　模　双音节　模样
三音节　刻模子　四音节　一模一样
多音节例句　病起心情终是怯，困来模样不禁怜。
国际中文等级标准　五级
单音节同音字　（无）

单音节　mǔ　母　双音节　母亲
三音节　外祖母　四音节　母系社会
多音节例句　昔孟母，择邻处。子不学，断机杼。
国际中文等级标准　三级

单音节同音字　牡亩拇姆

单音节　mù　目　双音节　目光
三音节　新节目　四音节　目不转睛
多音节例句　青赤黄，及黑白。此五色，目所识。
国际中文等级标准　二级
单音节同音字　木沐苜墓幕慕暮募牧睦穆

单音节　ná　拿　双音节　拿捏
三音节　拿主意　四音节　拿手好戏
多音节例句　丐友何颜堪著论，祭拿无泪可沾胸。
国际中文等级标准　一级
单音节同音字　（无）

单音节　nǎ　哪　双音节　哪个
三音节　哪些人　四音节　你在哪里？
多音节例句　不知园里树，哪个是真梅。
国际中文等级标准　一级
单音节同音字　（无）

单音节　nà　纳　双音节　接纳
三音节　纳税人　四音节　海纳百川
多音节例句　竹深留客处，荷净纳凉时。
国际中文等级标准　一级
单音节同音字　那娜呐捺

单音节　na　哪　双音节　干哪！
三音节　来看哪！　四音节　谢谢您哪！

多音节例句　客人来了，怎么不倒茶哪？

国际中文等级标准　四级

单音节同音字　（无）

单音节　nǎi 乃　双音节　乃至

三音节　乃是她　四音节　乃武乃文

多音节例句　苟不教，性乃迁。教之道，贵以专。

国际中文等级标准　一级

单音节同音字　奶

单音节　nài 耐　双音节　耐心

三音节　不耐烦　四音节　耐人寻味

多音节例句　耐寒唯有东篱菊，金粟初开晓更清。

国际中文等级标准　五级

单音节同音字　奈

单音节　nán 南　双音节　江南

三音节　南半球　四音节　南征北战

多音节例句　红豆生南国，春来发几枝。

国际中文等级标准　一级

单音节同音字　男难喃

单音节　nàn 难　双音节　磨难

三音节　避难所　四音节　患难与共

多音节例句　唐僧师徒西天取经经历了九九八十一难。

国际中文等级标准　五级

单音节同音字　（无）

单音节　náng　　囊　双音节　皮囊

三音节　胆囊炎　四音节　锦囊妙计

多音节例句　如囊萤，如映雪。家虽贫，学不辍。

国际中文等级标准　七—九级

单音节同音字　馕

单音节　náo 挠　双音节　阻挠

三音节　挠痒痒　四音节　百折不挠

多音节例句　大凡物不得其平则鸣：草木之无声，风挠之鸣。

国际中文等级标准　七—九级

单音节同音字　（无）

单音节　nǎo 恼　双音节　烦恼

三音节　惹恼了　四音节　恼羞成怒

多音节例句　春色恼人眠不得，月移花影上栏杆。

国际中文等级标准　一级

单音节同音字　脑瑙

单音节　nào 闹　双音节　闹市

三音节　凑热闹　四音节　热热闹闹

多音节例句　雨前庭蚁闹，霜后阵鸿哀。

国际中文等级标准　四级

单音节同音字　（无）

单音节　ne 呢　双音节　你呢？

三音节　老张呢？　　四音节　他在哪呢？

多音节例句　吃米饭呢，还是吃面条？

国际中文等级标准　一级

单音节同音字　（无）

单音节　něi　馁　双音节　自馁
三音节　不气馁　四音节　遭受冻馁
多音节例句　盛世无饥馁，何须耕织忙。
国际中文等级标准　七—九级
单音节同音字　哪

单音节　nèi　内　双音节　内行
三音节　内陆国　四音节　外柔内刚
多音节例句　花间双粉蝶，柳内几黄莺。
国际中文等级标准　三级
单音节同音字　那

单音节　nèn　嫩　双音节　鲜嫩
三音节　水嫩嫩　四音节　嫩绿小草
多音节例句　长杨对细柳，嫩蕊对寒莎。
国际中文等级标准　七—九级
单音节同音字　恁

单音节　néng　能　双音节　能力
三音节　太阳能　四音节　能说会道
多音节例句　殷勤竹林寺，能得几回过！
国际中文等级标准　一级
单音节同音字　（无）

单音节　ní　泥　双音节　泥土
三音节　泥石流　四音节　拖泥带水

多音节例句　几处早莺争暖树，谁家新燕啄春泥。
国际中文等级标准　六级
单音节同音字　尼霓

单音节　nǐ　拟　双音节　模拟
三音节　拟人化　四音节　虚拟世界
多音节例句　准拟今春乐事浓，依然枉却一东风。
国际中文等级标准　一级
单音节同音字　你

单音节　nì　逆　双音节　逆转
三音节　逆时针　四音节　忠言逆耳
多音节例句　上有六龙回日之高标，下有冲波逆折之回川。
国际中文等级标准　七—九级
单音节同音字　匿腻溺

单音节　nián　年　双音节　年代
三音节　年夜饭　四音节　年年有余
多音节例句　三十年来寻剑客，几回落叶又抽枝。
国际中文等级标准　一级
单音节同音字　粘黏鲇

单音节　niàn　念　双音节　想念
三音节　纪念馆　四音节　念念不忘
多音节例句　长江悲已滞，万里念将归。
国际中文等级标准　三级
单音节同音字　廿埝

单音节　niáng　　娘　双音节　姑娘
三音节　老板娘　四音节　半老徐娘
多音节例句　游人对隐士，谢女对秋娘。
国际中文等级标准　三级
单音节同音字　　（无）

单音节　niàng　　酿　双音节　酝酿
三音节　酿美酒　四音节　美酒佳酿
多音节例句　寄梅对怀橘，酿酒对烹茶。
国际中文等级标准　七—九级
单音节同音字　　（无）

单音节　niǎo　　鸟　双音节　小鸟
三音节　百灵鸟　四音节　鸟语花香
多音节例句　感时花溅泪，恨别鸟惊心。
国际中文等级标准　二级
单音节同音字　袅

单音节　niào　　尿　双音节　尿管
三音节　糖尿病　四音节　屁滚尿流
多音节例句　大小永嘉，和屎合尿。
国际中文等级标准　七—九级
单音节同音字　　（无）

单音节　niē 捏　双音节　拿捏
三音节　捏把汗　四音节　扭扭捏捏
多音节例句　垂帘未敢掀开，狮儿初捏就，佳人偷觑。
国际中文等级标准　七—九级

单音节同音字 　（无）

单音节　nín　您　双音节　您早！

三音节　您好啊！　　四音节　请您入座。

多音节例句　不得檐楹，看您成家计。

国际中文等级标准　一级

单音节同音字 　（无）

单音节　níng　　凝　双音节　凝结

三音节　凝聚力　四音节　屏气凝神

多音节例句　南台静坐一炉香，终日凝然万虑亡。

国际中文等级标准　四级

单音节同音字　柠宁咛

单音节　nǐng　　拧　双音节　拧巴

三音节　拧螺丝　四音节　拧成麻花

多音节例句　一根单丝难成线，千根万根拧成绳。

国际中文等级标准　七—九级

单音节同音字 　（无）

单音节　nìng　　宁　双音节　宁愿

三音节　毋宁死　四音节　宁缺毋滥

多音节例句　宁为百夫长，胜作一书生。

国际中文等级标准　七—九级

单音节同音字　泞

单音节　niú　牛　双音节　奶牛

三音节　牛仔裤　四音节　九牛一毛

多音节例句　天苍苍，野茫茫，风吹草低见牛羊。

国际中文等级标准　一级

单音节同音字　（无）

单音节　niǔ 钮　双音节　旋钮

三音节　按电钮　四音节　职官印钮

多音节例句　包诸左石，崔吉钮龚。

国际中文等级标准　六级

单音节同音字　扭忸纽

单音节　nóng　　农　双音节　农村

三音节　农作物　四音节　农贸市场

多音节例句　仁对义，让对恭。禹舜对羲农。

国际中文等级标准　三级

单音节同音字　哝浓脓

单音节　nòng　　弄　双音节　玩弄

三音节　弄潮儿　四音节　弄巧成拙

多音节例句　南枝才放两三花，雪里吟香弄粉些。

国际中文等级标准　二级

单音节同音字　（无）

单音节　nú 奴　双音节　奴役

三音节　守财奴　四音节　奴隶社会

多音节例句　誓扫匈奴不顾身，五千貂锦丧胡尘。

国际中文等级标准　七一九级

单音节同音字　（无）

单音节　nǔ　努　双音节　努力

三音节　努着嘴　四音节　努力工作

多音节例句　少壮不努力，老大徒伤悲。

国际中文等级标准　二级

单音节同音字　弩

单音节　nù　怒　双音节　愤怒

三音节　怒冲冲　四音节　心花怒放

多音节例句　曰喜怒，曰哀惧。爱恶欲，七情俱。

国际中文等级标准　六级

单音节同音字　（无）

单音节　nǔ　女　双音节　女性

三音节　女主人　四音节　生儿育女

多音节例句　天阶夜色凉如水，卧看牵牛织女星。

国际中文等级标准　一级

单音节同音字　（无）

单音节　nuǎn　暖　双音节　温暖

三音节　暖洋洋　四音节　春暖花开

多音节例句　沧海月明珠有泪，蓝田日暖玉生烟。

国际中文等级标准　三级

单音节同音字　（无）

单音节　nüè　虐　双音节　暴虐

三音节　虐待狂　四音节　助纣为虐

多音节例句　慈对善，虐对苛。缥缈对婆娑。

国际中文等级标准　七—九级

单音节同音字　疟

单音节　nuó 挪　双音节　挪动
三音节　挪几步　四音节　东闪西挪
多音节例句　手挪裙带，无语倚云屏。
国际中文等级标准　七—九级
单音节同音字　娜

单音节　nuò 诺　双音节　诺言
三音节　承诺书　四音节　一诺千金
多音节例句　三杯吐然诺，五岳倒为轻。
国际中文等级标准　六级
单音节同音字　懦糯

单音节　ò　哦　双音节　哦，好！
三音节　哦，明白。四音节　哦，我懂了。
多音节例句　哦，既然是这样，那我也得打起精神来呢。
国际中文等级标准　七—九级
单音节同音字　（无）

单音节　ōu 欧　双音节　欧盟
三音节　欧佩克　四音节　欧亚大陆
多音节例句　万俟司马，上官欧阳。
国际中文等级标准　七—九级
单音节同音字　鸥殴

单音节　ǒu 偶　双音节　偶然
三音节　木偶人　四音节　无独有偶

多音节例句　言从天竺寺，偶步下云房。
国际中文等级标准　五级
单音节同音字　呕藕

单音节　pā　趴　双音节　趴下
三音节　趴窝了　四音节　趴在地上
多音节例句　他一不小心，摔了个马趴。
国际中文等级标准　七一九级
单音节同音字　啪

单音节　pá　爬　双音节　爬行
三音节　爬山虎　四音节　摸爬滚打
多音节例句　爬头峰北正好去，系取可汗钳作奴。
国际中文等级标准　二级
单音节同音字　杷耙琶扒

单音节　pà　怕　双音节　害怕
三音节　太可怕　四音节　拈轻怕重
多音节例句　花飞莫遣随流水，怕有渔郎来问津。
国际中文等级标准　二级
单音节同音字　帕

单音节　pāi　拍　双音节　拍打
三音节　拍马屁　四音节　拍案叫绝
多音节例句　正眼验真妄，相逢拍手归。
国际中文等级标准　三级
单音节同音字　（无）

单音节　pái 排　双音节　安排
三音节　排行榜　四音节　排山倒海
多音节例句　一水护田将绿绕，两山排闼送青来。
国际中文等级标准　二级
单音节同音字　俳徘牌

单音节　pài 派　双音节　派遣
三音节　派生词　四音节　拉帮结派
多音节例句　楚塞三湘接，荆门九派通。
国际中文等级标准　三级
单音节同音字　湃

单音节　pān 攀　双音节　攀登
三音节　攀枝花　四音节　攀龙附凤
多音节例句　近来攀折苦，应为别离多。
国际中文等级标准　七—九级
单音节同音字　潘

单音节　pán 磐　双音节　磐石
三音节　如磐石　四音节　心如磐石
多音节例句　君当作磐石，妾当作蒲苇。
国际中文等级标准　四级
单音节同音字　盘蹒

单音节　pàn 判　双音节　裁判
三音节　判断力　四音节　判若两人
多音节例句　夫泰极剖判，造化权舆。
国际中文等级标准　三级

单音节同音字　盼叛畔

单音节　pāng　　乓　双音节　乒乓
三音节　乒乓球　四音节　乒乒乓乓
多音节例句　中国乒乓球队屡次夺得世界冠军。
国际中文等级标准　七—九级
单音节同音字　滂

单音节　páng　　旁　双音节　旁边
三音节　走旁门　四音节　旁若无人
多音节例句　羞将短发还吹帽，笑倩旁人为正冠。
国际中文等级标准　一级
单音节同音字　庞膀磅螃彷

单音节　pàng　　胖　双音节　肥胖
三音节　胖大海　四音节　白白胖胖
多音节例句　体胖生粹和，安在处岩石。
国际中文等级标准　三级
单音节同音字　（无）

单音节　pāo　抛　双音节　抛弃
三音节　抛物线　四音节　抛砖引玉
多音节例句　纸屏石枕竹方床，手倦抛书午梦长。
国际中文等级标准　七—九级
单音节同音字　泡

单音节　páo　咆　双音节　咆哮
三音节　咆哮声　四音节　咆哮如雷

多音节例句　龙生矫，虎咆哮。北学对东胶。
国际中文等级标准　七—九级
单音节同音字　刨

单音节　pǎo 跑　双音节　奔跑
三音节　跑龙套　四音节　长跑运动
多音节例句　银河飞落青松梢，素车白马云中跑。
国际中文等级标准　一级
单音节同音字　（无）

单音节　pào 泡　双音节　泡菜
三音节　肥皂泡　四音节　泡沫经济
多音节例句　留别皇都有新偈，苦将泡幻喻升沈。
国际中文等级标准　六级
单音节同音字　炮

单音节　pēi 胚　双音节　胚胎
三音节　外胚层　四音节　胚胎组织
多音节例句　君知否，这白衣御史，卿相胚胎。
国际中文等级标准　七—九级
单音节同音字　（无）

单音节　péi 培　双音节　培育
三音节　培训部　四音节　培养人才
多音节例句　老圃好栽培，菊花五月开。
国际中文等级标准　四级
单音节同音字　陪赔

单音节　pèi 配　双音节　　配偶
三音节　配颜色　四音节　按劳分配
多音节例句　南岳配朱鸟，秩礼自百王。
国际中文等级标准　三级
单音节同音字　沛佩

单音节　pēn 喷　双音节　　喷泉
三音节　香喷喷　四音节　喷薄欲出
多音节例句　挂流三百丈，喷壑数十里。
国际中文等级标准　五级
单音节同音字　（无）

单音节　pén 盆　双音节　　盆景
三音节　聚宝盆　四音节　锅碗瓢盆
多音节例句　世间花叶不相伦，花入金盆叶作尘。
国际中文等级标准　五级
单音节同音字　（无）

单音节　pēng　烹　双音节　烹调
三音节　学烹饪　四音节　烹饪大师
多音节例句　寄梅对怀橘，酿酒对烹茶。
国际中文等级标准　七—九级
单音节同音字　抨怦砰

单音节　péng　朋　双音节　亲朋
三音节　好朋友　四音节　宾朋满座
多音节例句　长幼序，友与朋。君则敬，臣则忠。
国际中文等级标准　一级

单音节同音字　彭澎膨棚鹏蓬篷

单音节　pěng　　捧　双音节　吹捧
三音节　捧上天　四音节　捧腹大笑
多音节例句　侍臣鹄立通明殿，一朵红云捧玉皇。
国际中文等级标准　七一九级
单音节同音字　（无）

单音节　pèng　　碰　双音节　碰杯
三音节　碰碰车　四音节　乱碰乱撞
多音节例句　运交华盖欲何求，未敢翻身已碰头。
国际中文等级标准　二级
单音节同音字　（无）

单音节　pī　批　双音节　批示
三音节　批发商　四音节　自我批评
多音节例句　批竹初攒耳，桃花未上身。
国际中文等级标准　三级
单音节同音字　劈噼霹披

单音节　pí　皮　双音节　皮肤
三音节　皮划艇　四音节　皮开肉绽
多音节例句　相鼠有皮，人而无仪。
国际中文等级标准　三级
单音节同音字　疲枇琵啤脾

单音节　pǐ　匹　双音节　匹敌
三音节　一匹马　四音节　匹夫之勇

多音节例句　三日断五匹，大人故嫌迟。

国际中文等级标准　五级

单音节同音字　否痞劈癖

单音节　pì　辟　双音节　精辟

三音节　辟谣言　四音节　开天辟地

多音节例句　春既老，夜将阑。百辟对千官。

国际中文等级标准　七—九级

单音节同音字　屁僻癖

单音节　piān　篇　双音节　篇章

三音节　姊妹篇　四音节　长篇大论

多音节例句　孟子者，七篇止。讲道德，说仁义。

国际中文等级标准　二级

单音节同音字　片扁偏翩

单音节　pián　便　双音节　便宜

三音节　贪便宜　四音节　大腹便便

多音节例句　今天的白菜很便宜。

国际中文等级标准　二级

单音节同音字　骈

单音节　piàn　片　双音节　片面

三音节　生鱼片　四音节　只言片语

多音节例句　洛阳亲友如相问，一片冰心在玉壶。

国际中文等级标准　二级

单音节同音字　骗

单音节　piāo　　漂　双音节　漂荡

三音节　漂流瓶　四音节　漂洋过海

多音节例句　心事同漂泊，生涯共苦辛。

国际中文等级标准　七—九级

单音节同音字　缥飘

单音节　piào　　票　双音节　车票

三音节　售票处　四音节　空头支票

多音节例句　票姚新宾客，文园旧妇仇。

国际中文等级标准　一级

单音节同音字　漂

单音节　piě 撇　双音节　撇嘴

三音节　左撇子　四音节　撇手榴弹

多音节例句　他把早晨说的事撇到脑后去了。

国际中文等级标准　七—九级

单音节同音字　苤

单音节　pīn 拼　双音节　拼搏

三音节　拼体力　四音节　东拼西凑

多音节例句　云拼欲下星斗动，天乐一声肌骨寒。

国际中文等级标准　五级

单音节同音字　（无）

单音节　pín 贫　双音节　清贫

三音节　贫困户　四音节　嫌贫爱富

多音节例句　贫对富，塞对通。野叟对溪童。

国际中文等级标准　五级

单音节同音字　频颦嫔

单音节　pǐn　品　双音节　品质
三音节　商品房　四音节　品学兼优
多音节例句　醉客歌金缕，佳人品玉箫。
国际中文等级标准　三级
单音节同音字　（无）

单音节　pìn　聘　双音节　解聘
三音节　聘任制　四音节　聘用贤能
多音节例句　星渐没，日初升。九聘对三征。
国际中文等级标准　六级
单音节同音字　牝

单音节　pīng　乒　双音节　乒乓
三音节　乒乓球　四音节　乒乒乓乓
多音节例句　她是世界乒乓球锦标赛冠军。
国际中文等级标准　七—九级
单音节同音字　（无）

单音节　píng　平　双音节　和平
三音节　平方米　四音节　平心静气
多音节例句　清风楼上赴官斋，此日平生眼豁开。
国际中文等级标准　二级
单音节同音字　评坪苹萍凭屏瓶

单音节　pō　坡　双音节　山坡
三音节　下坡路　四音节　东坡居士

多音节例句　疲马卧长坡，夕阳下通津。

国际中文等级标准　五级

单音节同音字　泊泼颇

单音节　pó 婆　双音节　外婆

三音节　婆罗门　四音节　公公婆婆

多音节例句　歌婉转，语婆娑。乾坤转毂，日月飞梭。

国际中文等级标准　四级

单音节同音字　（无）

单音节　pò 破　双音节　破晓

三音节　破天荒　四音节　乘风破浪

多音节例句　国破山河在，城春草木深。

国际中文等级标准　三级

单音节同音字　迫珀魄

单音节　pōu 剖　双音节　剖析

三音节　解剖学　四音节　剖明事理

多音节例句　剧辛乐毅感恩分，输肝剖胆效英才。

国际中文等级标准　七一九级

单音节同音字　（无）

单音节　pū 扑　双音节　扑鼻

三音节　扑簌簌　四音节　扑面而来

多音节例句　不经一番寒彻骨，怎得梅花扑鼻香。

国际中文等级标准　六级

单音节同音字　仆铺

单音节　pú　菩　双音节　菩萨

三音节　菩提树　四音节　菩萨心肠

多音节例句　菩提本无树，明镜亦非台。

国际中文等级标准　五级

单音节同音字　匍脯葡蒲仆

单音节　pǔ　谱　双音节　谱曲

三音节　五线谱　四音节　做事靠谱

多音节例句　乱点鸳鸯谱。

国际中文等级标准　二级

单音节同音字　浦圃普朴

单音节　pù　瀑　双音节　飞瀑

三音节　大瀑布　四音节　壶口瀑布

多音节例句　日照香炉生紫烟，遥看瀑布挂前川。

国际中文等级标准　六级

单音节同音字　铺

单音节　qī　期　双音节　期待

三音节　星期日　四音节　不期而遇

多音节例句　不堪盈手赠，还寝梦佳期。

国际中文等级标准　一级

单音节同音字　妻凄戚欺漆栖七沏

单音节　qí　旗　双音节　红旗

三音节　升国旗　四音节　旗开得胜

多音节例句　雪暗凋旗画，风多杂鼓声。

国际中文等级标准　二级

单音节同音字　其棋奇埼崎骑歧岐祈畦鳍齐

单音节　qǐ　起　双音节　起来
三音节　了不起　四音节　东山再起
多音节例句　浩浩风起波，冥冥日沉夕。
国际中文等级标准　一级
单音节同音字　乞岂企启绮

单音节　qì　气　双音节　和气
三音节　热气球　四音节　扬眉吐气
多音节例句　清风扫残雪，和气带春回。
国际中文等级标准　一级
单音节同音字　弃汽泣契砌器憩

单音节　qiā　掐　双音节　掐算
三音节　掐手指　四音节　掐头去尾
多音节例句　阑干掐遍等新红。酒频中，恨匆匆。
国际中文等级标准　七一九级
单音节同音字　（无）

单音节　qiǎ　卡　双音节　哨卡
三音节　卡脖子　四音节　设置关卡
多音节例句　吃鱼的时候，一根鱼刺卡住了嗓子。
国际中文等级标准　七一九级
单音节同音字　（无）

单音节　qià　洽　双音节　接洽
三音节　洽谈会　四音节　关系融洽

多音节例句　兴洽林塘晚，重岩起夕烟。
国际中文等级标准　六级
单音节同音字　恰

单音节　qiān　　千　双音节　千万
三音节　千里马　四音节　千言万语
多音节例句　飞流直下三千尺，疑是银河落九天。
国际中文等级标准　二级
单音节同音字　迁牵铅谦签

单音节　qián　　前　双音节　前面
三音节　前奏曲　四音节　前程似锦
多音节例句　黄师塔前江水东，春光懒困倚微风。
国际中文等级标准　一级
单音节同音字　钱钳乾潜

单音节　qiǎn　　浅　双音节　浅薄
三音节　浅水区　四音节　浅见寡识
多音节例句　桃花一簇开无主，可爱深红爱浅红。
国际中文等级标准　四级
单音节同音字　遣

单音节　qiàn　　欠　双音节　欠条
三音节　欠人情　四音节　拖欠货款
多音节例句　精时一片当时事，只欠清香不欠花。
国际中文等级标准　五级
单音节同音字　纤倩堑嵌歉

单音节　qiāng　　枪　双音节　枪手
三音节　机关枪　四音节　枪林弹雨
多音节例句　银瓶乍破水浆迸，铁骑突出刀枪鸣。
国际中文等级标准　五级
单音节同音字　羌腔

单音节　qiáng　　强　双音节　坚强
三音节　交强险　四音节　发奋图强
多音节例句　强欲登高去，无人送酒来。
国际中文等级标准　二级
单音节同音字　墙

单音节　qiǎng　　抢　双音节　抢救
三音节　抢镜头　四音节　明夺暗抢
多音节例句　鹪鸠抢榆枋，枯鱼过河泣。
国际中文等级标准　五级
单音节同音字　强

单音节　qiàng　　呛　双音节　够呛
三音节　呛鼻子　四音节　烟雾呛鼻
多音节例句　厨房的油烟有点儿呛人。
国际中文等级标准　七一九级
单音节同音字　戗炝跄

单音节　qiāo　　悄　双音节　悄悄
三音节　静悄悄　四音节　说悄悄话
多音节例句　悄悄空闺中，蛩声绕罗帏。
国际中文等级标准　五级

单音节同音字　跷锹敲缲

单音节　qiáo　　桥　双音节　桥梁
三音节　桥头堡　四音节　铁路桥梁
多音节例句　枯藤老树昏鸦，小桥流水人家，古道西风瘦马。
国际中文等级标准　三级
单音节同音字　乔侨憔瞧翘

单音节　qiǎo　　巧　双音节　巧妙
三音节　巧克力　四音节　巧夺天工
多音节例句　年年乞与人间巧，不道人间巧已多。
国际中文等级标准　三级
单音节同音字　悄雀

单音节　qiào　　鞘　双音节　刀鞘
三音节　腱鞘炎　四音节　刀剑出鞘
多音节例句　衣袂障风金缕细，剑锋横雪玉鞘寒。
国际中文等级标准　七—九级
单音节同音字　俏峭壳窍翘

单音节　qiē　切　双音节　切割
三音节　切入点　四音节　切磋琢磨
多音节例句　有匪君子，如切如磋，如琢如磨。
国际中文等级标准　四级
单音节同音字　（无）

单音节　qié　茄　双音节　茄子
三音节　番茄酱　四音节　蒜泥茄子

多音节例句　二字一义，茄子落苏。
国际中文等级标准　六级
单音节同音字　（无）

单音节　qiě 且　双音节　并且
三音节　且珍惜　四音节　且战且退
多音节例句　春风且莫定，吹向玉阶飞。
国际中文等级标准　二级
单音节同音字　（无）

单音节　qiè 切　双音节　关切
三音节　悲切切　四音节　不顾一切
多音节例句　叶浮嫩绿酒初熟，橙切香黄蟹正肥。
国际中文等级标准　三级
单音节同音字　怯窃惬锲

单音节　qīn 亲　双音节　亲人
三音节　亲和力　四音节　亲密无间
多音节例句　为人子，方少时。亲师友，习礼仪。
国际中文等级标准　三级
单音节同音字　钦侵

单音节　qín 勤　双音节　勤奋
三音节　勤务员　四音节　勤勤恳恳
多音节例句　头悬梁，锥刺股。彼不教，自勤苦。
国际中文等级标准　五级
单音节同音字　芹秦琴禽擒

单音节　qǐn 寝　双音节　寝室
三音节　建陵寝　四音节　废寝忘食
多音节例句　不堪盈手赠，还寝梦佳期。
国际中文等级标准　七—九级
单音节同音字　（无）

单音节　qīng　　青　双音节　青年
三音节　青纱帐　四音节　青梅竹马
多音节例句　江碧鸟逾白，山青花欲燃。
国际中文等级标准　二级
单音节同音字　清蜻轻氢倾卿

单音节　qíng　　情　双音节　深情
三音节　情人节　四音节　情不自禁
多音节例句　此夜曲中闻折柳，何人不起故园情。
国际中文等级标准　二级
单音节同音字　晴擎

单音节　qǐng　　请　双音节　请客
三音节　邀请赛　四音节　不请自来
多音节例句　与君歌一曲，请君为我倾耳听。
国际中文等级标准　一级
单音节同音字　顷

单音节　qìng　　庆　双音节　庆祝
三音节　庆功会　四音节　举国同庆
多音节例句　百年诗礼延余庆，万里风云入壮怀。
国际中文等级标准　三级

单音节同音字　亲罄謦

单音节　qióng　穷　双音节　穷困
三音节　无穷大　四音节　层出不穷
多音节例句　曰春夏，曰秋冬。此四时，运不穷。
国际中文等级标准　四级
单音节同音字　穹琼

单音节　qiū　秋　双音节　秋收
三音节　秋老虎　四音节　秋高气爽
多音节例句　吾心似秋月，碧潭清皎洁。
国际中文等级标准　二级
单音节同音字　丘邱蚯鳅

单音节　qiú　球　双音节　足球
三音节　地球仪　四音节　球市火爆
多音节例句　素女鸣珠佩，天人弄彩球。
国际中文等级标准　一级
单音节同音字　囚泅求裘酋

单音节　qū　曲　双音节　弯曲
三音节　曲别针　四音节　曲径通幽
多音节例句　曲径通幽处，禅房花木深。
国际中文等级标准　三级
单音节同音字　区岖驱躯蛆蛐屈趋

单音节　qú　渠　双音节　渠道
三音节　红旗渠　四音节　水到渠成

多音节例句　问渠那得清如许，为有源头活水来。

国际中文等级标准　六级

单音节同音字　瞿衢

单音节　qǔ　取　双音节　取暖

三音节　取行李　四音节　咎由自取

多音节例句　因知幻物出无象，问取人间老斫轮。

国际中文等级标准　二级

单音节同音字　曲娶

单音节　qù　去　双音节　去年

三音节　去上海　四音节　去粗取精

多音节例句　大江东去，浪淘尽，千古风流人物。

国际中文等级标准　一级

单音节同音字　趣

单音节　quān　　圈　双音节　圈套

三音节　包围圈　四音节　可圈可点

多音节例句　揭日科名轻拾紫，粘天名姓捷圈红。

国际中文等级标准　四级

单音节同音字　悛

单音节　quán　　全　双音节　安全

三音节　全家福　四音节　全心全意

多音节例句　冷艳全欺雪，余香乍入衣。

国际中文等级标准　二级

单音节同音字　权诠痊泉拳蜷颧

单音节　quǎn　　犬　双音节　犬吠

三音节　狂犬病　四音节　鸡犬不宁

多音节例句　柴门闻犬吠，风雪夜归人。

国际中文等级标准　七—九级

单音节同音字　（无）

单音节　quàn　　券　双音节　债券

三音节　优惠券　四音节　有价证券

多音节例句　曾批给雨支风券，累上留云借月章。

国际中文等级标准　五级

单音节同音字　劝

单音节　quē　缺　双音节　缺少

三音节　缺资金　四音节　缺斤短两

多音节例句　圆对缺，正对斜。笑语对咨嗟。

国际中文等级标准　三级

单音节同音字　阙

单音节　què　确　双音节　正确

三音节　精确度　四音节　准确无误

多音节例句　山石荦确行径微，黄昏到寺蝙蝠飞。

国际中文等级标准　二级

单音节同音字　却雀鹊

单音节　qún　群　双音节　群众

三音节　群居地　四音节　群龙无首

多音节例句　雪衣雪发青玉觜，群捕鱼儿溪影中。

国际中文等级标准　三级

单音节同音字　裙

单音节　rán 然　双音节　虽然
三音节　不自然　四音节　悠然自得
多音节例句　人学始知道，不学非自然。
国际中文等级标准　二级
单音节同音字　燃

单音节　rǎn 染　双音节　污染
三音节　染色体　四音节　耳濡目染
多音节例句　玉在池中莲出水，污染不能绝方比。
国际中文等级标准　五级
单音节同音字　冉

单音节　rǎng　壤　双音节　接壤
三音节　土壤学　四音节　天壤之别
多音节例句　漆雕乐正，壤驷公良。
国际中文等级标准　七—九级
单音节同音字　攘嚷

单音节　ràng　让　双音节　谦让
三音节　禅让制　四音节　当仁不让
多音节例句　山出尽如鸣凤岭，池成不让饮龙川。
国际中文等级标准　二级
单音节同音字　（无）

单音节　ráo 饶　双音节　富饶
三音节　请饶恕　四音节　饶有兴趣

多音节例句　饶君更有遮天网，透得牢关即便休。

国际中文等级标准　七—九级

单音节同音字　娆

单音节　rǎo 扰　双音节　干扰

三音节　抗干扰　四音节　纷纷扰扰

多音节例句　君不见，三界之中纷扰扰，只为无明不了绝。

国际中文等级标准　五级

单音节同音字　（无）

单音节　rào 绕　双音节　围绕

三音节　绕圈子　四音节　余音绕梁

多音节例句　玉堂花烛绕，金殿月轮高。

国际中文等级标准　五级

单音节同音字　（无）

单音节　rě 惹　双音节　惹恼

三音节　惹麻烦　四音节　惹是生非

多音节例句　本来无一物，何处惹尘埃。

国际中文等级标准　七—九级

单音节同音字　若喏

单音节　rè 热　双音节　热闹

三音节　热水器　四音节　热火朝天

多音节例句　算平生肝胆，因人常热。

国际中文等级标准　一级

单音节同音字　（无）

单音节　rén 人　双音节　人民
三音节　人行道　四音节　人山人海
多音节例句　溪深树密无人处，唯有幽花渡水香。
国际中文等级标准　一级
单音节同音字　仁任

单音节　rěn 忍　双音节　忍心
三音节　忍耐力　四音节　忍俊不禁
多音节例句　肠断未忍扫，眼穿仍欲归。
国际中文等级标准　五级
单音节同音字　稔

单音节　rèn 任　双音节　责任
三音节　班主任　四音节　任劳任怨
多音节例句　月透白云云影白，白云明月任西东。
国际中文等级标准　一级
单音节同音字　认妊纫韧

单音节　rēng　扔　双音节　扔掉
三音节　扔垃圾　四音节　扔到脑后
多音节例句　秋来是物皆扔落，此君劲色还如故。
国际中文等级标准　五级
单音节同音字　（无）

单音节　réng　仍　双音节　仍旧
三音节　仍然是　四音节　仍须努力
多音节例句　仍怜故乡水，万里送行舟。
国际中文等级标准　三级

单音节同音字　（无）

单音节　rì　日　双音节　日记
三音节　日用品　四音节　日新月异
多音节例句　日照香炉生紫烟，遥看瀑布挂前川。
国际中文等级标准　一级
单音节同音字　（无）

单音节　róng　荣　双音节　光荣
三音节　荣誉书　四音节　欣欣向荣
多音节例句　离离原上草，一岁一枯荣。
国际中文等级标准　三级
单音节同音字　戎绒容蓉溶榕熔茸融

单音节　rǒng　冗　双音节　冗余
三音节　冗杂的　四音节　冗长乏味
多音节例句　万人尚流冗，举目唯蒿莱。
国际中文等级标准　七—九级
单音节同音字　（无）

单音节　róu　柔　双音节　柔和
三音节　性子柔　四音节　柔心弱骨
多音节例句　雷惊天地龙蛇蛰，雨足郊原草木柔。
国际中文等级标准　七—九级
单音节同音字　揉糅

单音节　ròu　肉　双音节　肌肉
三音节　烤牛肉　四音节　弱肉强食

多音节例句　渐与骨肉远，转于僮仆亲。

国际中文等级标准　一级

单音节同音字　（无）

单音节　rú　如　双音节　如意

三音节　如来佛　四音节　如火如荼

多音节例句　能了诸缘如幻梦，世间唯有妙莲花。

国际中文等级标准　二级

单音节同音字　儒蠕

单音节　rǔ　乳　双音节　豆乳

三音节　哺乳期　四音节　水乳交融

多音节例句　乳鸭池塘水浅深，熟梅天气半晴阴。

国际中文等级标准　六级

单音节同音字　汝辱

单音节　rù　入　双音节　深入

三音节　入场券　四音节　先入为主

多音节例句　绿树阴浓夏日长，楼台倒影入池塘。

国际中文等级标准　二级

单音节同音字　褥

单音节　ruǎn　软　双音节　柔软

三音节　软实力　四音节　心慈手软

多音节例句　舞女腰肢杨柳软，佳人颜貌海棠娇。

国际中文等级标准　五级

单音节同音字　阮

单音节　ruì　睿　双音节　睿见
三音节　司马睿　四音节　聪明睿智
多音节例句　睿曲风云动，边威鼓吹喧。
国际中文等级标准　七—九级
单音节同音字　锐瑞

单音节　rùn　润　双音节　湿润
三音节　润滑油　四音节　珠圆玉润
多音节例句　随风潜入夜，润物细无声。
国际中文等级标准　五级
单音节同音字　闰

单音节　ruò　若　双音节　倘若
三音节　若干事　四音节　若隐若现
多音节例句　海内存知己，天涯若比邻。
国际中文等级标准　四级
单音节同音字　弱箬

单音节　sā　撒　双音节　撒娇
三音节　撒哈拉　四音节　撒手尘寰
多音节例句　撒手归来，云山不改。
国际中文等级标准　七—九级
单音节同音字　仨

单音节　sǎ　洒　双音节　潇洒
三音节　洒水车　四音节　潇潇洒洒
多音节例句　脱巾挂石壁，露顶洒松风。
国际中文等级标准　五级

单音节同音字　撒

单音节　sà　萨　双音节　拉萨
三音节　萨克斯　四音节　菩萨心肠
多音节例句　欲行菩萨道，忍辱护真心。
国际中文等级标准　七—九级
单音节同音字　卅飒

单音节　sāi　塞　双音节　塞车
三音节　火花塞　四音节　胡吃海塞
多音节例句　请取下葡萄酒瓶的软木塞。
国际中文等级标准　六级
单音节同音字　揌腮鳃

单音节　sài　赛　双音节　竞赛
三音节　锦标赛　四音节　赛马运动
多音节例句　绿桑高下映平川，赛罢田神笑语喧。
国际中文等级标准　三级
单音节同音字　塞

单音节　sān　三　双音节　三峡
三音节　三角形　四音节　三番五次
多音节例句　草铺横野六七里，笛弄晚风三四声。
国际中文等级标准　一级
单音节同音字　弎叁

单音节　sǎn　伞　双音节　雨伞
三音节　降落伞　四音节　雨后送伞

多音节例句　莲叶层层张绿伞，莲房个个垂金盏。
国际中文等级标准　四级
单音节同音字　散

单音节　sàn 散　双音节　散发
三音节　散热器　四音节　魂飞魄散
多音节例句　谁家玉笛暗飞声，散入春风满洛城。
国际中文等级标准　三级
单音节同音字　（无）

单音节　sāng　桑　双音节　桑树
三音节　桑拿浴　四音节　沧海桑田
多音节例句　燕草如碧丝，秦桑低绿枝。
国际中文等级标准　七—九级
单音节同音字　丧

单音节　sǎng　嗓　双音节　嗓音
三音节　假嗓子　四音节　练练嗓子
多音节例句　我欲揽遗迹，嗓眸冰镜空。
国际中文等级标准　七—九级
单音节同音字　搡

单音节　sàng　丧　双音节　丧失
三音节　丧家犬　四音节　丧尽天良
多音节例句　誓扫匈奴不顾身，五千貂锦丧胡尘。
国际中文等级标准　六级
单音节同音字　（无）

单音节　sāo 骚　双音节　骚动

三音节　性骚扰　四音节　骚人墨客

多音节例句　梅雪争春未肯降，骚人阁笔费评章。

国际中文等级标准　七—九级

单音节同音字　搔

单音节　sǎo 扫　双音节　扫描

三音节　大扫除　四音节　扫地出门

多音节例句　重重叠叠上瑶台，几度呼童扫不开。

国际中文等级标准　四级

单音节同音字　嫂

单音节　sào 臊　双音节　羞臊

三音节　不害臊　四音节　臊眉耷眼

多音节例句　下床畏蛇食畏药，海气湿蛰熏腥臊。

国际中文等级标准　七—九级

单音节同音字　扫

单音节　sè 色　双音节　颜色

三音节　色眯眯　四音节　色厉内荏

多音节例句　江流天地外，山色有无中。

国际中文等级标准　二级

单音节同音字　涩瑟塞

单音节　sēn 森　双音节　森林

三音节　阴森森　四音节　壁垒森严

多音节例句　玉露凋伤枫树林，巫山巫峡气萧森。

国际中文等级标准　四级

单音节同音字　　（无）

单音节　sēng　　僧　双音节　僧侣
三音节　苦行僧　四音节　僧多粥少
多音节例句　花径风来逢客访，柴扉月到有僧敲。
国际中文等级标准　　七一九级
单音节同音字　　（无）

单音节　shā　杀　双音节　刺杀
三音节　杀手锏　四音节　杀一儆百
多音节例句　荷花娇欲语，愁杀荡舟人。
国际中文等级标准　　三级
单音节同音字　沙纱砂莎鲨煞

单音节　shǎ　傻　双音节　呆傻
三音节　傻呵呵　四音节　装疯卖傻
多音节例句　或讥项发秃，或指舌端傻。
国际中文等级标准　　五级
单音节同音字　　（无）

单音节　shà　厦　双音节　广厦
三音节　逛商厦　四音节　高楼大厦
多音节例句　安得广厦千万间，大庇天下寒士俱欢颜，风雨不动
　　　　　　安如山。
国际中文等级标准　　七一九级
单音节同音字　霎煞

单音节　shāi　　筛　双音节　筛查

三音节　过筛子　四音节　筛选人才
多音节例句　爱玲珑，筛月水屏风，千枝结。
国际中文等级标准　七一九级
单音节同音字　（无）

单音节　shài　　晒　双音节　晒图
三音节　晒衣服　四音节　风吹日晒
多音节例句　霁雪满林无月晒，点灯吹角做黄昏。
国际中文等级标准　四级
单音节同音字　（无）

单音节　shān　　山　双音节　山谷
三音节　山药蛋　四音节　山清水秀
多音节例句　草青仍过雨，山紫更斜阳。
国际中文等级标准　一级
单音节同音字　杉衫删姗珊跚扇

单音节　shǎn　　闪　双音节　闪电
三音节　闪光灯　四音节　闪烁其词
多音节例句　风吹鼍鼓山河动，电闪旌旗日月高。
国际中文等级标准　四级
单音节同音字　陕

单音节　shàn　　善　双音节　善良
三音节　慈善家　四音节　上善若水
多音节例句　人之初，性本善。性相近，习相远。
国际中文等级标准　三级
单音节同音字　扇擅

单音节　shāng　　商　双音节　商量
三音节　商业街　四音节　商贾如云
多音节例句　商女不知亡国恨，隔江犹唱后庭花。
国际中文等级标准　一级
单音节同音字　伤

单音节　shǎng　　赏　双音节　鉴赏
三音节　观赏鱼　四音节　赏心悦目
多音节例句　客散酒醒深夜后，更持红烛赏残花。
国际中文等级标准　四级
单音节同音字　晌

单音节　shàng　　上　双音节　上班
三音节　上年纪　四音节　上行下效
多音节例句　日暮乡关何处是？　烟波江上使人愁。
国际中文等级标准　一级
单音节同音字　尚

单音节　shāo　　烧　双音节　燃烧
三音节　发高烧　四音节　火烧眉毛
多音节例句　野火烧不尽，春风吹又生。
国际中文等级标准　四级
单音节同音字　捎梢稍艄

单音节　sháo　　芍　双音节　芍药
三音节　木芍药　四音节　采兰赠芍
多音节例句　雪花对云叶，芍药对芙蓉。
国际中文等级标准　六级

单音节同音字　勺芍韶

单音节　shǎo　少　双音节　少数
三音节　少不了　四音节　积少成多
多音节例句　乡村四月闲人少，才了蚕桑又插田。
国际中文等级标准　一级
单音节同音字　（无）

单音节　shào　绍　双音节　介绍
三音节　绍兴酒　四音节　自我介绍
多音节例句　寻坠绪之茫茫，独旁搜而远绍。
国际中文等级标准　一级
单音节同音字　哨

单音节　shē 奢　双音节　奢华
三音节　奢侈品　四音节　穷奢极欲
多音节例句　狂夫富贵在青春，意气骄奢剧季伦。
国际中文等级标准　七一九级
单音节同音字　猞赊

单音节　shé 舌　双音节　舌尖
三音节　牛舌饼　四音节　巧舌如簧
多音节例句　溪声便是广长舌，山色岂非清净身。
国际中文等级标准　五级
单音节同音字　折蛇

单音节　shě 舍　双音节　舍弃
三音节　断舍离　四音节　舍己救人

多音节例句　二者不可得兼，舍鱼而取熊掌者也。

国际中文等级标准　五级

单音节同音字　（无）

单音节　shè 社　双音节　社交

三音节　杂志社　四音节　原始社会

多音节例句　桑柘影斜春社散，家家扶得醉人归。

国际中文等级标准　三级

单音节同音字　设射麝舍拾赦摄慑涉

单音节　shéi　谁　双音节　谁个

三音节　你是谁？　四音节　谁人不知

多音节例句　谁家今夜扁舟子？何处相思明月楼？

国际中文等级标准　一级

单音节同音字　（无）

单音节　shēn　深　双音节　深刻

三音节　深呼吸　四音节　深思熟虑

多音节例句　桃花潭水深千尺，不及汪伦送我情。

国际中文等级标准　一级

单音节同音字　申呻伸绅身参娠

单音节　shén　神　双音节　神话

三音节　神经质　四音节　神出鬼没

多音节例句　造化钟神秀，阴阳割昏晓。

国际中文等级标准　一级

单音节同音字　什

单音节　shěn　　审　双音节　审核
三音节　审判长　四音节　审时度势
多音节例句　一樽齐死生，万事固难审。
国际中文等级标准　六级
单音节同音字　婶

单音节　shèn　　慎　双音节　慎重
三音节　很谨慎　四音节　谨言慎行
多音节例句　向古易慎，戈廖庚终。
国际中文等级标准　四级
单音节同音字　肾甚渗

单音节　shēng　　生　双音节　生命
三音节　生物学　四音节　生机勃勃
多音节例句　松月生夜凉，风泉满清听。
国际中文等级标准　一级
单音节同音字　升声牲

单音节　shéng　　绳　双音节　绳子
三音节　钢丝绳　四音节　绳之以法
多音节例句　尘劳迥脱事非常，紧把绳头做一场。
国际中文等级标准　七—九级
单音节同音字　（无）

单音节　shěng　　省　双音节　省心
三音节　省略号　四音节　省吃俭用
多音节例句　台对省，署对曹。分袂对同胞。
国际中文等级标准　二级

单音节同音字　（无）

单音节　shèng　盛　双音节　盛开
三音节　鼎盛期　四音节　盛气凌人
多音节例句　人间四月芳菲尽，山寺桃花始盛开。
国际中文等级标准　三级
单音节同音字　圣胜乘剩

单音节　shī　师　双音节　师傅
三音节　教师节　四音节　为人师表
多音节例句　为人子，方少时。亲师友，习礼仪。
国际中文等级标准　一级
单音节同音字　尸失诗狮施湿

单音节　shí　十　双音节　十足
三音节　十进制　四音节　十面埋伏
多音节例句　归来笑拈梅花嗅，春在枝头已十分。
国际中文等级标准　一级
单音节同音字　什石时识实拾食

单音节　shǐ　始　双音节　开始
三音节　创始人　四音节　有始有终
多音节例句　人学始知道，不学非自然。
国际中文等级标准　二级
单音节同音字　史矢使驶屎

单音节　shì　式　双音节　形式
三音节　开幕式　四音节　各式各样

多音节例句　即此羡闲逸，怅然吟式微。

国际中文等级标准　一级

单音节同音字　士仕氏示世市似事势侍饰试拭轼视柿是适室逝
　　　　　　　释誓

单音节　shi　匙　双音节　钥匙

三音节　钥匙链　四音节　智能钥匙

多音节例句　一把钥匙开一把锁。

国际中文等级标准　七—九级

单音节同音字　（无）

单音节　shōu　收　双音节　收获

三音节　收音机　四音节　美不胜收

多音节例句　寒来暑往，秋收冬藏。

国际中文等级标准　二级

单音节同音字　（无）

单音节　shóu　熟　双音节　熟食

三音节　熟透了　四音节　把米煮熟

多音节例句　吐鲁番的葡萄熟透了。

国际中文等级标准　二级

单音节同音字　（无）

单音节　shǒu　手　双音节　手臂

三音节　手工业　四音节　手舞足蹈

多音节例句　不堪盈手赠，还寝梦佳期。

国际中文等级标准　一级

单音节同音字　守首

单音节　shòu　　授　双音节　函授

三音节　副教授　四音节　授人以柄

多音节例句　吟对咏，授对传。乐矣对凄然。

国际中文等级标准　二级

单音节同音字　寿受售兽瘦

单音节　shū 书　双音节　书店

三音节　教科书　四音节　书香门第

多音节例句　读书不觉已春深，一寸光阴一寸金。

国际中文等级标准　一级

单音节同音字　叔淑梳疏蔬抒枢殊舒输

单音节　shú 熟　双音节　熟人

三音节　熟练工　四音节　熟能生巧

多音节例句　瓜熟蒂落，水到渠成。

国际中文等级标准　二级

单音节同音字　孰塾赎

单音节　shǔ 暑　双音节　避暑

三音节　放暑假　四音节　严寒酷暑

多音节例句　寒对暑，湿对干。鲁隐对齐桓。

国际中文等级标准　二级

单音节同音字　署薯蜀属鼠数

单音节　shù 术　双音节　技术

三音节　魔术师　四音节　外科手术

多音节例句　术业宜从勤学起，韶华不为少年留。

国际中文等级标准　一级

单音节同音字　束述庶树竖恕数

单音节　shuā　　刷　双音节　印刷
三音节　齐刷刷　四音节　数字印刷
多音节例句　喃喃教言语，一一刷毛衣。
国际中文等级标准　四级
单音节同音字　（无）

单音节　shuǎ　　耍　双音节　玩耍
三音节　耍大牌　四音节　偷奸耍滑
多音节例句　况年来，心懒意怯，羞与蛾儿争耍。
国际中文等级标准　七一九级
单音节同音字　（无）

单音节　shuāi　　衰　双音节　衰落
三音节　大衰败　四音节　年老体衰
多音节例句　此花此叶常相映，翠减红衰愁杀人。
国际中文等级标准　五级
单音节同音字　摔

单音节　shuǎi　　甩　双音节　甩掉
三音节　甩包袱　四音节　甩手掌柜
多音节例句　甩归脱征骖，柳叶半黄落。
国际中文等级标准　七一九级
单音节同音字　（无）

单音节　shuài　　帅　双音节　帅气
三音节　大元帅　四音节　三军统帅

多音节例句　三军可夺帅也，匹夫不可夺志也。

国际中文等级标准　四级

单音节同音字　率蟀

单音节　shuān　栓　双音节　枪栓

三音节　脑栓塞　四音节　栓塞疗法

多音节例句　悲鸣栓老骥，怒系下豪鹰。

国际中文等级标准　七一九级

单音节同音字　拴

单音节　shuàn　涮　双音节　涮锅

三音节　涮羊肉　四音节　洗洗涮涮

多音节例句　今天的晚饭吃涮羊肉。

国际中文等级标准　七一九级

单音节同音字　（无）

单音节　shuāng　双　双音节　双语

三音节　双胞胎　四音节　双喜临门

多音节例句　胡雁哀鸣夜夜飞，胡儿眼泪双双落。

国际中文等级标准　三级

单音节同音字　霜

单音节　shuǎng　爽　双音节　凉爽

三音节　冰爽茶　四音节　秋高气爽

多音节例句　酌贪泉而觉爽，处涸辙以犹欢。

国际中文等级标准　六级

单音节同音字　（无）

单音节　shuí　　谁　双音节　有谁？

三音节　她是谁？　　四音节　鹿死谁手

多音节例句　谁家玉笛暗飞声，散入春风满洛城。

国际中文等级标准　一级

单音节同音字　（无）

单音节　shuǐ　　水　双音节　水彩

三音节　水电站　四音节　水火不容

多音节例句　曾经沧海难为水，除却巫山不是云。

国际中文等级标准　一级

单音节同音字　（无）

单音节　shuì　　税　双音节　税收

三音节　税务局　四音节　照章纳税

多音节例句　税熟贡新，劝赏黜陟。

国际中文等级标准　一级

单音节同音字　睡

单音节　shùn　　顺　双音节　顺序

三音节　顺口溜　四音节　一帆风顺

多音节例句　人生半哀乐，天地有顺逆。

国际中文等级标准　二级

单音节同音字　瞬舜

单音节　shuō　　说　双音节　说话

三音节　说明书　四音节　说长道短

多音节例句　逢人不说人间事，便是人间无事人。

国际中文等级标准　一级

单音节同音字　（无）

单音节　shuò　朔　双音节　朔风
三音节　朔望月　四音节　扑朔迷离
多音节例句　朔风如解意，容易莫摧残。
国际中文等级标准　五级
单音节同音字　烁硕

单音节　sī　思　双音节　思考
三音节　思想家　四音节　不可思议
多音节例句　别后唯所思，天涯共明月。
国际中文等级标准　二级
单音节同音字　司丝私斯撕嘶

单音节　sǐ　死　双音节　死党
三音节　死胡同　四音节　生死之交
多音节例句　将军百战死，壮士十年归。
国际中文等级标准　三级
单音节同音字　（无）

单音节　sì　四　双音节　四季
三音节　四合院　四音节　四面八方
多音节例句　人间四月芳菲尽，山寺桃花始盛开。
国际中文等级标准　一级
单音节同音字　寺似伺饲嗣肆

单音节　sōng　松　双音节　松柏
三音节　松花蛋　四音节　松松垮垮

多音节例句　明月松间照，清泉石上流。

国际中文等级标准　四级

单音节同音字　凇嵩

单音节　sǒng　　耸　双音节　耸立

三音节　耸耸肩　四音节　耸人听闻

多音节例句　层峦耸翠，上出重霄。

国际中文等级标准　七—九级

单音节同音字　悚

单音节　sòng　　送　双音节　送别

三音节　送礼物　四音节　养老送终

多音节例句　水流花谢两无情，送尽东风过楚城。

国际中文等级标准　一级

单音节同音字　宋诵讼颂

单音节　sōu 搜　双音节　搜寻

三音节　大搜查　四音节　搜索引擎

多音节例句　夙龄尚遐异，搜对涤烦嚣。

国际中文等级标准　五级

单音节同音字　嗖馊艘

单音节　sòu 嗽　双音节　咳嗽

三音节　干咳嗽　四音节　咳嗽糖浆

多音节例句　天阴伛偻带嗽行，犹向岩前种松子。

国际中文等级标准　七—九级

单音节同音字　（无）

单音节　sū　苏　双音节　苏醒

三音节　小苏打　四音节　万物复苏

多音节例句　姑苏城外寒山寺，夜半钟声到客船。

国际中文等级标准　六级

单音节同音字　酥

单音节　sú　俗　双音节　风俗

三音节　民俗馆　四音节　俗不可耐

多音节例句　行舟对御马，俗弊对民岩。

国际中文等级标准　四级

单音节同音字　（无）

单音节　sù　素　双音节　朴素

三音节　素什锦　四音节　素昧平生

多音节例句　日色已尽花含烟，月明欲素愁不眠。

国际中文等级标准　一级

单音节同音字　夙诉肃速粟塑溯簌宿

单音节　suān　酸　双音节　酸梅

三音节　酸溜溜　四音节　酸甜苦辣

多音节例句　酸苦甘，及辛咸。此五味，口所含。

国际中文等级标准　四级

单音节同音字　狻

单音节　suàn　算　双音节　算命

三音节　计算机　四音节　算来算去

多音节例句　算来不用一文买，输与山僧闲往来。

国际中文等级标准　二级

单音节同音字　蒜

单音节　suī 虽　双音节　虽然
三音节　虽说是　四音节　虽死犹荣
多音节例句　紫绶纵荣争及睡，朱门虽富不如贫。
国际中文等级标准　二级
单音节同音字　（无）

单音节　suí 随　双音节　随机
三音节　随大溜　四音节　随心所欲
多音节例句　山随平野尽，江入大荒流。
国际中文等级标准　二级
单音节同音字　隋遂

单音节　suì 岁　双音节　岁月
三音节　压岁钱　四音节　岁岁平安
多音节例句　离离原上草，一岁一枯荣。
国际中文等级标准　一级
单音节同音字　遂隧邃碎穗祟

单音节　sūn 孙　双音节　子孙
三音节　孙悟空　四音节　孙子兵法
多音节例句　又送王孙去，萋萋满别情。
国际中文等级标准　四级
单音节同音字　（无）

单音节　sǔn 损　双音节　损害
三音节　损益表　四音节　完好无损

多音节例句　增对损，闭对开。碧草对苍苔。

国际中文等级标准　五级

单音节同音字　笋

单音节　suō 缩　双音节　缩短

三音节　缩略语　四音节　缩手缩脚

多音节例句　石鼎龙头缩，银筝雁翅排。

国际中文等级标准　四级

单音节同音字　唆梭蓑嗍

单音节　suǒ 所　双音节　住所

三音节　所有权　四音节　所作所为

多音节例句　下马饮君酒，问君何所之？

国际中文等级标准　二级

单音节同音字　索唢琐锁

单音节　tā 他　双音节　他们

三音节　排他性　四音节　流落他乡

多音节例句　从此无心爱良夜，任他明月下西楼。

国际中文等级标准　一级

单音节同音字　它她塌踏

单音节　tǎ 塔　双音节　塔楼

三音节　金字塔　四音节　象牙之塔

多音节例句　黄师塔前江水东，春光懒困倚微风。

国际中文等级标准　六级

单音节同音字　獭鳎

单音节　tà　踏　双音节　踏青

三音节　大踏步　四音节　脚踏实地

多音节例句　李白乘舟将欲行，忽闻岸上踏歌声。

国际中文等级标准　六级

单音节同音字　蹋

单音节　tāi　胎　双音节　胎记

三音节　车备胎　四音节　脱胎换骨

多音节例句　天生一物变三才，交感阴阳结圣胎。

国际中文等级标准　七—九级

单音节同音字　苔

单音节　tái　台　双音节　台风

三音节　潜台词　四音节　台前幕后

多音节例句　绿树阴浓夏日长，楼台倒影入池塘。

国际中文等级标准　三级

单音节同音字　苔抬

单音节　tài　太　双音节　太阳

三音节　太极拳　四音节　太平盛世

多音节例句　菊花何太苦，遭此两重阳？

国际中文等级标准　一级

单音节同音字　汰态泰

单音节　tān　贪　双音节　贪婪

三音节　贪便宜　四音节　贪得无厌

多音节例句　梦里不知身是客，一晌贪欢。

国际中文等级标准　七—九级

单音节同音字　摊滩瘫

单音节　tán 谈　双音节　谈话
三音节　洽谈会　四音节　谈虎色变
多音节例句　偶然值林叟，谈笑无还期。
国际中文等级标准　三级
单音节同音字　坛昙弹痰谭

单音节　tǎn 坦　双音节　坦率
三音节　坦克兵　四音节　坦然自若
多音节例句　君子坦荡荡，小人长戚戚。
国际中文等级标准　五级
单音节同音字　忐毯

单音节　tàn 探　双音节　探索
三音节　探亲假　四音节　探囊取物
多音节例句　绣阁探春，丽日半笼青镜色。
国际中文等级标准　六级
单音节同音字　叹炭碳

单音节　tāng 　汤　双音节　汤圆
三音节　酸辣汤　四音节　固若金汤
多音节例句　寒夜客来茶当酒，竹炉汤沸火初红。
国际中文等级标准　三级
单音节同音字　趟

单音节　táng 　堂　双音节　礼堂
三音节　堂兄弟　四音节　堂堂正正

多音节例句　玉堂花烛绕，金殿月轮高。
国际中文等级标准　二级
单音节同音字　唐塘糖棠膛螳

单音节　tǎng　　倘　双音节　倘或
三音节　倘若是　四音节　倘来之物
多音节例句　此身倘长在，敢恨归无日。
国际中文等级标准　四级
单音节同音字　淌躺

单音节　tàng　　烫　双音节　滚烫
三音节　烫伤药　四音节　烫手山芋
多音节例句　挨水易湿，近火易烫。
国际中文等级标准　六级
单音节同音字　趟

单音节　tāo　涛　双音节　波涛
三音节　海涛声　四音节　惊涛骇浪
多音节例句　长沙渺渺，雪涛烟浪信无涯。
国际中文等级标准　六级
单音节同音字　绦掏滔

单音节　táo　桃　双音节　桃花
三音节　水蜜桃　四音节　桃李盈门
多音节例句　桃花浅深处，似匀深浅妆。
国际中文等级标准　五级
单音节同音字　陶萄啕淘逃

单音节　tǎo 讨　双音节　探讨
三音节　讨生活　四音节　自讨苦吃
多音节例句　关东有义士，兴兵讨群凶。
国际中文等级标准　二级
单音节同音字　（无）

单音节　tào 套　双音节　手套
三音节　客套话　四音节　生搬硬套
多音节例句　奁玉燕，套金蝉。
国际中文等级标准　二级
单音节同音字　（无）

单音节　tè 特　双音节　特区
三音节　特种兵　四音节　特立独行
多音节例句　砌下落花风起，罗衣特地春寒。
国际中文等级标准　二级
单音节同音字　忑

单音节　téng　藤　双音节　藤蔓
三音节　紫藤树　四音节　藤本植物
多音节例句　醉卧古藤阴下，了不知南北。
国际中文等级标准　二级
单音节同音字　疼腾誊

单音节　tī 梯　双音节　阶梯
三音节　电梯间　四音节　自动扶梯
多音节例句　梯云对步月，樵唱对渔歌。
国际中文等级标准　四级

单音节同音字　剔踢

单音节　tí　提　双音节　提取
三音节　提建议　四音节　相提并论
多音节例句　身是菩提树，心如明镜台。
国际中文等级标准　二级
单音节同音字　啼蹄题

单音节　tǐ　体　双音节　身体
三音节　体育课　四音节　体贴入微
多音节例句　命如南山石，四体康且直。
国际中文等级标准　一级
单音节同音字　（无）

单音节　tì　替　双音节　替换
三音节　替罪羊　四音节　日月交替
多音节例句　蜡烛有心还惜别，替人垂泪到天明。
国际中文等级标准　四级
单音节同音字　屉笹剃涕惕

单音节　tiān　天　双音节　蓝天
三音节　天花板　四音节　天长地久
多音节例句　月落乌啼霜满天，江枫渔火对愁眠。
国际中文等级标准　一级
单音节同音字　添

单音节　tián　田　双音节　稻田
三音节　田园诗　四音节　田径运动

多音节例句　手把青秧插满田，低头便见水中天。
国际中文等级标准　三级
单音节同音字　恬甜填

单音节　tiǎn　舔　双音节　舔舐
三音节　舔一舔　四音节　刀头舔蜜
多音节例句　玄猿绿罴，舔舕鉴岌。
国际中文等级标准　七—九级
单音节同音字　腆

单音节　tiāo　挑　双音节　挑选
三音节　挑毛病　四音节　挑三拣四
多音节例句　时挑野菜和根煮，旋斫生柴带叶烧。
国际中文等级标准　四级
单音节同音字　（无）

单音节　tiáo　条　双音节　条件
三音节　条形码　四音节　井井有条
多音节例句　楚山不可极，归路但萧条。
国际中文等级标准　一级
单音节同音字　迢笤调

单音节　tiǎo　挑　双音节　挑衅
三音节　挑战者　四音节　挑拨离间
多音节例句　夕殿萤飞思悄然，孤灯挑尽未成眠。
国际中文等级标准　四级
单音节同音字　窕

单音节　tiào　　眺　双音节　眺望
三音节　眺望台　四音节　极目远眺
多音节例句　从来多古意，临眺独踌躇。
国际中文等级标准　三级
单音节同音字　跳

单音节　tiē 贴　双音节　补贴
三音节　贴标签　四音节　体贴入微
多音节例句　风压轻云贴水飞，乍晴池馆燕争泥。
国际中文等级标准　四级
单音节同音字　帖

单音节　tiě 铁　双音节　铁路
三音节　铁三角　四音节　铁石心肠
多音节例句　百战沙场碎铁衣，城南已合数重围。
国际中文等级标准　二级
单音节同音字　帖

单音节　tīng　　厅　双音节　客厅
三音节　会议厅　四音节　西式餐厅
多音节例句　木兰桨子藕花乡，唱罢厅红晚气凉。
国际中文等级标准　一级
单音节同音字　听

单音节　tíng　　庭　双音节　庭院
三音节　大家庭　四音节　民事法庭
多音节例句　中庭地白树栖鸦，冷露无声湿桂花。
国际中文等级标准　二级

单音节同音字　廷亭停蜓婷霆

单音节　tǐng　　艇　双音节　舰艇
三音节　潜水艇　四音节　私家游艇
多音节例句　庵对寺，殿对楼。酒艇对渔舟。
国际中文等级标准　二级
单音节同音字　挺

单音节　tōng　　通　双音节　交通
三音节　普通话　四音节　通宵达旦
多音节例句　身无彩凤双飞翼，心有灵犀一点通。
国际中文等级标准　二级
单音节同音字　（无）

单音节　tóng　　同　双音节　相同
三音节　同义词　四音节　同心同德
多音节例句　横看成岭侧成峰，远近高低各不同。
国际中文等级标准　一级
单音节同音字　桐铜童瞳彤

单音节　tǒng　　统　双音节　统称
三音节　统计学　四音节　一统天下
多音节例句　虎啸龙吟光世界，太平一统乐如何！
国际中文等级标准　四级
单音节同音字　捅桶筒

单音节　tòng　　痛　双音节　痛快
三音节　肚子痛　四音节　痛心疾首

多音节例句　情深悲素扇，泪痛湿青衫。

国际中文等级标准　三级

单音节同音字　（无）

单音节　tōu 偷　双音节　偷渡

三音节　偷东西　四音节　偷天换日

多音节例句　时人不识余心乐，将谓偷闲学少年。

国际中文等级标准　五级

单音节同音字　（无）

单音节　tóu 头　双音节　头发

三音节　领头羊　四音节　头头是道

多音节例句　春雨楼头尺八箫，何时归看浙江潮？

国际中文等级标准　二级

单音节同音字　投

单音节　tòu 透　双音节　穿透

三音节　透明度　四音节　白里透红

多音节例句　今夜偏知春气暖，虫声新透绿窗纱。

国际中文等级标准　四级

单音节同音字　（无）

单音节　tū 凸　双音节　凸起

三音节　凸透镜　四音节　凹凸不平

多音节例句　优对劣，凸对凹。翠竹对黄花。

国际中文等级标准　三级

单音节同音字　秃突

单音节　tú　徒　双音节　徒步
三音节　学徒工　四音节　徒有虚名
多音节例句　月既不解饮，影徒随我身。
国际中文等级标准　一级
单音节同音字　图途涂屠

单音节　tǔ　土　双音节　土地
三音节　土特产　四音节　土崩瓦解
多音节例句　三十功名尘与土，八千里路云和月。
国际中文等级标准　三级
单音节同音字　吐

单音节　tù　兔　双音节　兔子
三音节　小白兔　四音节　守株待兔
多音节例句　狡兔空从弦外落，妖蟆休向眼前生。
国际中文等级标准　五级
单音节同音字　吐

单音节　tuán　团　双音节　团队
三音节　团体操　四音节　团团圆圆
多音节例句　仙人垂两足，桂树何团团。
国际中文等级标准　三级
单音节同音字　抟

单音节　tuī　推　双音节　推进
三音节　推土机　四音节　推心置腹
多音节例句　向来枉费推移力，此日中流自在行。
国际中文等级标准　二级

单音节同音字　忒

单音节　tuí 颓　双音节　颓丧
三音节　颓废派　四音节　颓垣断壁
多音节例句　玄晏舞狂乌帽落，蓝田醉倒玉山颓。
国际中文等级标准　七—九级
单音节同音字　（无）

单音节　tuǐ 腿　双音节　火腿
三音节　飞毛腿　四音节　腿脚灵便
多音节例句　应是腿寒终不耐，奈何脚小便寻常。
国际中文等级标准　二级
单音节同音字　（无）

单音节　tuì 退　双音节　退货
三音节　退伍兵　四音节　退避三舍
多音节例句　心地清净方为道，退步原来是向前。
国际中文等级标准　三级
单音节同音字　蜕

单音节　tūn 吞　双音节　吞并
三音节　吞噬者　四音节　吞吞吐吐
多音节例句　想当年，金戈铁马，气吞万里如虎。
国际中文等级标准　六级
单音节同音字　（无）

单音节　tún 臀　双音节　臀围
三音节　包臀裤　四音节　臀部肌肉

多音节例句　一朝饭冻死，衣不庇其臀。

国际中文等级标准　七—九级

单音节同音字　屯豚

单音节　tuō 脱　双音节　脱离

三音节　活脱脱　四音节　脱颖而出

多音节例句　脱巾挂石壁，露顶洒松风。

国际中文等级标准　四级

单音节同音字　拖托

单音节　tuó 驼　双音节　驼背

三音节　骆驼队　四音节　驼铃叮当

多音节例句　宦情对旅况，银鹿对铜驼。

国际中文等级标准　七—九级

单音节同音字　驮鸵陀

单音节　tuǒ 妥　双音节　妥协

三音节　妥妥地　四音节　办事稳妥

多音节例句　或妥若弭伏，或竦若惊雏。

国际中文等级标准　七—九级

单音节同音字　椭

单音节　tuò 拓　双音节　拓展

三音节　拓荒者　四音节　开拓市场

多音节例句　拓跋夹谷，宰父谷梁。

国际中文等级标准　七—九级

单音节同音字　唾

单音节　wā　挖　双音节　挖掘

三音节　挖墙脚　四音节　挖空心思

多音节例句　吃水不忘挖井人。

国际中文等级标准　六级

单音节同音字　哇洼蛙娲

单音节　wá　娃　双音节　娃娃

三音节　放牛娃　四音节　大头娃娃

多音节例句　小娃撑小艇，偷采白莲回。

国际中文等级标准　六级

单音节同音字　（无）

单音节　wǎ　瓦　双音节　瓦片

三音节　泥瓦匠　四音节　添砖加瓦

多音节例句　一夜新霜著瓦轻，芭蕉新折败荷倾。

国际中文等级标准　七—九级

单音节同音字　佤

单音节　wà　袜　双音节　袜子

三音节　高筒袜　四音节　一双丝袜

多音节例句　冠对履，袜对鞋。海角对天涯。

国际中文等级标准　四级

单音节同音字　瓦

单音节　wa　哇　双音节　好哇

三音节　快走哇　四音节　真功夫哇！

多音节例句　这件衣服好厚哇！

国际中文等级标准　六级

单音节同音字　（无）

单音节　wāi 歪　双音节　歪曲
三音节　讲歪理　四音节　东倒西歪
多音节例句　树不打杈要歪，人不教育要栽。
国际中文等级标准　七—九级
单音节同音字　喎

单音节　wài 外　双音节　外面
三音节　外来语　四音节　喜出望外
多音节例句　山头禅室挂僧衣，窗外无人溪鸟飞。
国际中文等级标准　一级
单音节同音字　（无）

单音节　wān 湾　双音节　港湾
三音节　大湾区　四音节　海湾战争
多音节例句　一湾绿水渔村小，万里青山佛寺幽。
国际中文等级标准　四级
单音节同音字　弯蜿豌

单音节　wán 丸　双音节　药丸
三音节　定心丸　四音节　弹丸之地
多音节例句　横对竖，窄对宽。黑志对弹丸。
国际中文等级标准　一级
单音节同音字　完玩顽纨

单音节　wǎn 晚　双音节　傍晚
三音节　晚上好　四音节　悔之晚矣

多音节例句　亭亭菊一支，高标矗晚节。

国际中文等级标准　一级

单音节同音字　宛惋婉碗挽

单音节　wàn　万　双音节　万能

三音节　万年历　四音节　千军万马

多音节例句　野云万里无城郭，雨雪纷纷连大漠。

国际中文等级标准　二级

单音节同音字　腕

单音节　wāng　　汪　双音节　汪洋

三音节　水汪汪　四音节　两汪眼泪

多音节例句　桃花潭水深千尺，不及汪伦送我情。

国际中文等级标准　七—九级

单音节同音字　（无）

单音节　wáng　　王　双音节　国王

三音节　王太后　四音节　封建王朝

多音节例句　天生丽质难自弃，一朝选在君王侧。

国际中文等级标准　二级

单音节同音字　亡

单音节　wǎng　　往　双音节　向往

三音节　往返票　四音节　来来往往

多音节例句　来往不逢人，长歌楚天碧。

国际中文等级标准　一级

单音节同音字　网枉

单音节　wàng　望　双音节　希望

三音节　好望角　四音节　喜出望外

多音节例句　无才日衰老，驻马望千门。

国际中文等级标准　一级

单音节同音字　妄忘旺

单音节　wēi　微　双音节　微笑

三音节　微生物　四音节　微风拂面

多音节例句　黄师塔前江水东，春光懒困倚微风。

国际中文等级标准　三级

单音节同音字　危威逶偎煨薇巍

单音节　wéi　围　双音节　周围

三音节　围观者　四音节　围魏救赵

多音节例句　百战沙场碎铁衣，城南已合数重围。

国际中文等级标准　二级

单音节同音字　韦违唯惟维为桅

单音节　wěi　委　双音节　委托

三音节　委员会　四音节　委曲求全

多音节例句　花钿委地无人收，翠翘金雀玉搔头。

国际中文等级标准　三级

单音节同音字　伟苇尾纬娓萎伪

单音节　wèi　为　双音节　因为

三音节　为什么　四音节　为民请命

多音节例句　天下熙熙，皆为利来；天下攘攘，皆为利往。

国际中文等级标准　二级

单音节同音字　畏胃谓喂猬蔚慰尉魏卫未位味

单音节　wēn　温　双音节　温度
三音节　体温计　四音节　温暖如春
多音节例句　临深履薄，夙兴温清。
国际中文等级标准　二级
单音节同音字　瘟

单音节　wén　闻　双音节　闻名
三音节　新闻稿　四音节　闻所未闻
多音节例句　春日正宜朝看蝶，秋风那更夜闻蛩。
国际中文等级标准　一级
单音节同音字　文纹蚊

单音节　wěn　稳　双音节　稳健
三音节　稳压器　四音节　十拿九稳
多音节例句　斜风细雨，牧童牛背稳如舟。
国际中文等级标准　四级
单音节同音字　吻

单音节　wèn　问　双音节　问题
三音节　疑问词　四音节　问心无愧
多音节例句　借问酒家何处有，牧童遥指杏花村。
国际中文等级标准　一级
单音节同音字　汶

单音节　wēng　翁　双音节　老翁
三音节　不倒翁　四音节　塞翁失马

多音节例句　孤舟蓑笠翁，独钓寒江雪。

国际中文等级标准　七一九级

单音节同音字　嗡

单音节　wō　涡　双音节　涡轮

三音节　小漩涡　四音节　涡纹领带

多音节例句　竟日蛟龙喜，盘涡与岸回。

国际中文等级标准　七一九级

单音节同音字　喔窝蜗

单音节　wǒ　我　双音节　我校

三音节　我自己　四音节　我行我素

多音节例句　桃花潭水深千尺，不及汪伦送我情。

国际中文等级标准　一级

单音节同音字　（无）

单音节　wò　握　双音节　掌握

三音节　握握手　四音节　胜利在握

多音节例句　投簪对结绶，握发对掀髯。

国际中文等级标准　三级

单音节同音字　沃卧

单音节　wū　屋　双音节　屋顶

三音节　茅草屋　四音节　世界屋脊

多音节例句　日暮苍山远，天寒白屋贫。

国际中文等级标准　三级

单音节同音字　乌呜巫诬污

单音节　wú　无　双音节　无偿

三音节　无底洞　四音节　无缘无故

多音节例句　随风潜入夜，润物细无声。

国际中文等级标准　四级

单音节同音字　吾梧吴蜈芜

单音节　wǔ　五　双音节　五十

三音节　五环旗　四音节　五彩缤纷

多音节例句　城阙辅三秦，风烟望五津。

国际中文等级标准　一级

单音节同音字　午伍妩武鹉侮捂舞

单音节　wù　务　双音节　任务

三音节　教务处　四音节　当务之急

多音节例句　治本于农，务兹稼穑。

国际中文等级标准　二级

单音节同音字　勿物误恶悟雾

单音节　xī　夕　双音节　夕阳

三音节　除夕夜　四音节　朝夕相处

多音节例句　情人怨遥夜，竟夕起相思。

国际中文等级标准　一级

单音节同音字　吸西牺扱希昔析息悉蟋淅晰惜稀犀锡溪熙蜥熄嘻
膝嬉

单音节　xí　习　双音节　习惯

三音节　习题集　四音节　习以为常

多音节例句　幼习业，壮致身。上匡国，下利民。

国际中文等级标准　一级

单音节同音字　席袭媳

单音节　xǐ　喜　双音节　喜欢

三音节　喜洋洋　四音节　喜怒哀乐

多音节例句　曰喜怒，曰哀惧。爱恶欲，七情俱。

国际中文等级标准　一级

单音节同音字　洗玺

单音节　xì　系　双音节　系统

三音节　太阳系　四音节　关系密切

多音节例句　可叹往年至今日，任运还同不系舟。

国际中文等级标准　一级

单音节同音字　戏细隙潟

单音节　xiā　虾　双音节　虾米

三音节　皮皮虾　四音节　虾兵蟹将

多音节例句　宿鹭窥沙孤影动，应有鱼虾入梦。

国际中文等级标准　七—九级

单音节同音字　瞎

单音节　xiá　霞　双音节　朝霞

三音节　披霞光　四音节　丹霞地貌

多音节例句　岁月人间促，烟霞此地多。

国际中文等级标准　七—九级

单音节同音字　侠峡狭瑕暇辖匣

单音节　xià　下　双音节　下游

三音节　下功夫　四音节　上蹿下跳
多音节例句　故人西辞黄鹤楼，烟花三月下扬州。
国际中文等级标准　一级
单音节同音字　夏厦吓

单音节　xiān　　先　双音节　先进
三音节　先行者　四音节　先来后到
多音节例句　桃花春色暖先开，明媚谁人不看来。
国际中文等级标准　一级
单音节同音字　仙纤掀鲜

单音节　xián　　闲　双音节　闲暇
三音节　休闲游　四音节　忙里偷闲
多音节例句　昨夜闲潭梦落花，可怜春半不还家。
国际中文等级标准　四级
单音节同音字　弦舷咸衔嫌贤

单音节　xiǎn　　险　双音节　危险
三音节　保险单　四音节　铤而走险
多音节例句　功名富贵两蜗角，险阻艰难一酒杯。
国际中文等级标准　三级
单音节同音字　显鲜

单音节　xiàn　　现　双音节　发现
三音节　现代化　四音节　若隐若现
多音节例句　三春却是暮秋天，逸少临文写现前。
国际中文等级标准　一级
单音节同音字　县限线宪陷馅羡献腺

单音节　xiāng　　相　双音节　相同
三音节　相对论　四音节　相亲相爱
多音节例句　自去自来梁上燕，相亲相近水中鸥。
国际中文等级标准　　二级
单音节同音字　乡香湘镶箱

单音节　xiáng　　详　双音节　详情
三音节　很详细　四音节　不厌其详
多音节例句　其言简而要，其事详而博。
国际中文等级标准　　五级
单音节同音字　降祥翔

单音节　xiǎng　　想　双音节　想象
三音节　想当然　四音节　朝思暮想
多音节例句　不是息心除妄想，都缘无事可思量。
国际中文等级标准　　一级
单音节同音字　享响

单音节　xiàng　　相　双音节　相册
三音节　照相机　四音节　吉人天相
多音节例句　坐有坐相，站有站相。
国际中文等级标准　　二级
单音节同音字　向项巷象像

单音节　xiāo　　消　双音节　取消
三音节　消防员　四音节　烟消云散
多音节例句　万境万机俱寝息，一知一见尽消融。
国际中文等级标准　　三级

单音节同音字　肖削逍宵硝销霄萧箫潇嚣骁

单音节　xiáo　　淆　双音节　淆乱
三音节　混淆了　四音节　淆惑视听
多音节例句　草树混淆，枝格相交。
国际中文等级标准　七一九级
单音节同音字　（无）

单音节　xiǎo　　小　双音节　小心
三音节　小学生　四音节　小康社会
多音节例句　小舟从此逝，江海寄余生。
国际中文等级标准　一级
单音节同音字　晓

单音节　xiào　　校　双音节　校长
三音节　校友会　四音节　大学校园
多音节例句　校尉羽书飞瀚海，单于猎火照狼山。
国际中文等级标准　一级
单音节同音字　孝肖笑效啸

单音节　xiē 些　双音节　些许
三音节　那些事　四音节　前些日子
多音节例句　南枝才放两三花，雪里吟香弄粉些。
国际中文等级标准　一级
单音节同音字　楔歇蝎

单音节　xié 协　双音节　协调
三音节　协奏曲　四音节　团结协作

多音节例句　清风协于玄德，淳化通于自然。

国际中文等级标准　二级

单音节同音字　挟邪胁斜谐携鞋

单音节　xiě 写　双音节　写字

三音节　写真集　四音节　轻描淡写

多音节例句　黄河落天走东海，万里写入胸怀间。

国际中文等级标准　一级

单音节同音字　（无）

单音节　xiè 谢　双音节　凋谢

三音节　感谢信　四音节　谢天谢地

多音节例句　别梦依依到谢家，小廊回合曲阑斜。

国际中文等级标准　一级

单音节同音字　泄泻卸屑械蟹

单音节　xīn 心　双音节　心得

三音节　心电图　四音节　心心相印

多音节例句　感时花溅泪，恨别鸟惊心。

国际中文等级标准　一级

单音节同音字　芯辛欣新薪

单音节　xìn 信　双音节　信件

三音节　信号灯　四音节　半信半疑

多音节例句　千年苔树不成春，谁信幽香似玉魂。

国际中文等级标准　二级

单音节同音字　衅

单音节　xīng　　兴　双音节　兴旺
三音节　兴奋剂　四音节　望洋兴叹
多音节例句　关东有义士，兴兵讨群凶。
国际中文等级标准　一级
单音节同音字　星猩腥

单音节　xíng　　行　双音节　行为
三音节　自行车　四音节　行动自如
多音节例句　溪水清涟树老苍，行穿溪树踏春阳。
国际中文等级标准　一级
单音节同音字　刑形型

单音节　xǐng　　醒　双音节　醒目
三音节　醒过来　四音节　如梦初醒
多音节例句　夜合花开香满庭，夜深微雨醉初醒。
国际中文等级标准　四级
单音节同音字　省

单音节　xìng　　幸　双音节　幸福
三音节　幸运儿　四音节　三生有幸
多音节例句　幸有微吟可相狎，不须檀板共金樽。
国际中文等级标准　一级
单音节同音字　兴杏性姓

单音节　xiōng　　胸　双音节　胸章
三音节　挺起胸　四音节　胸怀大志
多音节例句　荡胸生层云，决眦入归鸟。
国际中文等级标准　四级

单音节同音字　凶匈汹兄

单音节　xióng　雄　双音节　雄伟
三音节　雄纠纠　四音节　雄心壮志
多音节例句　天地英雄气，千秋尚凛然。
国际中文等级标准　五级
单音节同音字　熊

单音节　xiū　休　双音节　休息
三音节　公休日　四音节　喋喋不休
多音节例句　南去北来休便休，白苹吹尽楚江秋。
国际中文等级标准　一级
单音节同音字　修羞

单音节　xiǔ　朽　双音节　朽木
三音节　太腐朽　四音节　永垂不朽
多音节例句　欲为圣明除弊事，肯将衰朽惜残年！
国际中文等级标准　七—九级
单音节同音字　宿

单音节　xiù　袖　双音节　衣袖
三音节　袖珍本　四音节　袖手旁观
多音节例句　羞日遮罗袖，愁春懒起妆。
国际中文等级标准　四级
单音节同音字　秀绣锈嗅

单音节　xū　须　双音节　必须
三音节　龙须面　四音节　溜须拍马

多音节例句　羌笛何须怨杨柳，春风不度玉门关。

国际中文等级标准　二级

单音节同音字　嘘虚需吁

单音节　xú　徐　双音节　徐缓

三音节　徐州市　四音节　半老徐娘

多音节例句　浮云连海岱，平野入青徐。

国际中文等级标准　七一九级

单音节同音字　（无）

单音节　xǔ　许　双音节　允许

三音节　许可证　四音节　以身相许

多音节例句　问渠那得清如许，为有源头活水来。

国际中文等级标准　二级

单音节同音字　栩

单音节　xù　序　双音节　序幕

三音节　程序员　四音节　井然有序

多音节例句　长幼序，友与朋。君则敬，臣则忠。

国际中文等级标准　三级

单音节同音字　旭叙绪续絮蓄煦婿

单音节　xuān　　宣　双音节　宣布

三音节　宣传画　四音节　秘而不宣

多音节例句　绿槐夹道集昏鸦，敕使传宣坐赐茶。

国际中文等级标准　三级

单音节同音字　轩喧

单音节　xuán　　玄　双音节　玄妙

三音节　玄武门　四音节　故弄玄虚

多音节例句　天地玄黄，宇宙洪荒。

国际中文等级标准　六级

单音节同音字　悬旋漩

单音节　xuǎn　　选　双音节　选手

三音节　候选人　四音节　精心挑选

多音节例句　七百僧中选一人，本来无物便相亲。

国际中文等级标准　二级

单音节同音字　癣

单音节　xuàn　　眩　双音节　眩目

三音节　眩晕症　四音节　眩于名利

多音节例句　不谓村园见此花，娇红数朵眩晴霞。

国际中文等级标准　七—九级

单音节同音字　炫绚旋渲

单音节　xuē　靴　双音节　皮靴

三音节　长筒靴　四音节　隔靴搔痒

多音节例句　青黛画眉红锦靴，道字不正娇唱歌。

国际中文等级标准　七—九级

单音节同音字　削薛

单音节　xué　学　双音节　学习

三音节　社会学　四音节　才疏学浅

多音节例句　同学少年多不贱，五陵裘马自轻肥。

国际中文等级标准　一级

单音节同音字　穴

单音节　xuě 雪　双音节　雪山
三音节　雪花膏　四音节　踏雪寻梅
多音节例句　有梅无雪不精神，有雪无诗俗了人。
国际中文等级标准　二级
单音节同音字　鳕

单音节　xuè 血　双音节　血迹
三音节　血小板　四音节　血肉相连
多音节例句　君王掩面救不得，回看血泪相和流。
国际中文等级标准　六级
单音节同音字　谑谑

单音节　xūn 勋　双音节　勋爵
三音节　挂勋章　四音节　功勋卓著
多音节例句　策勋十二转，赏赐百千强。
国际中文等级标准　七—九级
单音节同音字　熏薰

单音节　xún 寻　双音节　寻找
三音节　寻开心　四音节　寻根究底
多音节例句　三十年来寻剑客，几回落叶又抽枝。
国际中文等级标准　四级
单音节同音字　旬询峋殉巡循

单音节　xùn 训　双音节　训斥
三音节　培训班　四音节　训练有素

多音节例句　凡训蒙，须讲究。详训诂，明句读。
国际中文等级标准　三级
单音节同音字　讯迅驯逊

单音节　yā　压　双音节　压制
三音节　高血压　四音节　技压群芳
多音节例句　残雪压枝犹有橘，冻雷惊笋欲抽芽。
国际中文等级标准　三级
单音节同音字　丫呀鸦鸭押

单音节　yá　芽　双音节　嫩芽
三音节　麦芽糖　四音节　芽苞初放
多音节例句　新年都未有芳华，二月初惊见草芽。
国际中文等级标准　四级
单音节同音字　牙蚜崖涯

单音节　yǎ　雅　双音节　文雅
三音节　有雅量　四音节　雅俗共赏
多音节例句　有国风，有雅颂。号四诗，当讽咏。
国际中文等级标准　七一九级
单音节同音字　哑

单音节　yà　亚　双音节　亚军
三音节　亚健康　四音节　亚欧大陆
多音节例句　楼阁高低跨碧空，鳞鳞群树亚山风。
国际中文等级标准　四级
单音节同音字　压讶

单音节　ya　呀　双音节　哎呀

三音节　真快呀！　四音节　别上当呀！

多音节例句　咱们是买苹果还是买梨呀？

国际中文等级标准　四级

单音节同音字　（无）

单音节　yān　烟　双音节　炊烟

三音节　吸烟室　四音节　人烟稀少

多音节例句　日暮乡关何处是？烟波江上使人愁。

国际中文等级标准　三级

单音节同音字　咽焉淹

单音节　yán　颜　双音节　容颜

三音节　调颜料　四音节　和颜悦色

多音节例句　云移雉尾开宫扇，日绕龙鳞识圣颜。

国际中文等级标准　二级

单音节同音字　延严言岩沿炎研盐蜒檐

单音节　yǎn　演　双音节　演习

三音节　演播室　四音节　愈演愈烈

多音节例句　清辉澹水木，演漾在窗户。

国际中文等级标准　二级

单音节同音字　奄掩眼

单音节　yàn　验　双音节　检验

三音节　实验室　四音节　验收工作

多音节例句　正眼验真妄，相逢拍手归。

国际中文等级标准　三级

单音节同音字　厌咽艳宴谚雁焰燕

单音节　yāng　　央　双音节　中央
三音节　夜未央　四音节　再三央求
多音节例句　昨夜风开露井桃，未央前殿月轮高。
国际中文等级标准　五级
单音节同音字　殃秧

单音节　yáng　　阳　双音节　阳台
三音节　阳历年　四音节　阳春白雪
多音节例句　溪水清涟树老苍，行穿溪树踏春阳。
国际中文等级标准　二级
单音节同音字　扬羊杨徉洋

单音节　yǎng　　仰　双音节　仰望
三音节　学仰泳　四音节　久仰大名
多音节例句　仰高红日近，望远白云孤。
国际中文等级标准　二级
单音节同音字　养氧痒

单音节　yàng　　样　双音节　样品
三音节　样板房　四音节　装模作样
多音节例句　接天莲叶无穷碧，映日荷花别样红。
国际中文等级标准　一级
单音节同音字　恙漾

单音节　yāo 腰　双音节　弯腰
三音节　半山腰　四音节　腰缠万贯

多音节例句　大将南征胆气豪，腰横秋水雁翎刀。

国际中文等级标准　二级

单音节同音字　幺夭妖要邀

单音节　yáo 遥　双音节　遥远

三音节　遥控器　四音节　遥遥领先

多音节例句　天街小雨润如酥，草色遥看近却无。

国际中文等级标准　四级

单音节同音字　窑谣摇

单音节　yǎo 咬　双音节　咬合

三音节　咬耳朵　四音节　咬牙切齿

多音节例句　咬定青山不放松，立根原在破岩中。

国际中文等级标准　五级

单音节同音字　杳舀窈

单音节　yào 药　双音节　药店

三音节　中药材　四音节　灵丹妙药

多音节例句　松下问童子，言师采药去。

国际中文等级标准　一级

单音节同音字　要耀曜

单音节　yē 耶　双音节　耶稣

三音节　耶和华　四音节　耶律楚材

多音节例句　林深藏却云门寺，回首若耶溪。

国际中文等级标准　七—九级

单音节同音字　椰掖噎

单音节　yé　爷　双音节　爷爷

三音节　县太爷　四音节　爷爷奶奶

多音节例句　忆君去时儿在腹，走如黄犊爷未识。

国际中文等级标准　一级

单音节同音字　揶

单音节　yě　野　双音节　野蛮

三音节　野战军　四音节　荒山野岭

多音节例句　朱雀桥边野草花，乌衣巷口夕阳斜。

国际中文等级标准　一级

单音节同音字　也冶

单音节　yè　业　双音节　业绩

三音节　创业者　四音节　成家立业

多音节例句　别业居幽处，到来生隐心。

国际中文等级标准　一级

单音节同音字　叶页夜液谒

单音节　yī　一　双音节　一样

三音节　一次性　四音节　一事无成

多音节例句　飘飘何所似，天地一沙鸥。

国际中文等级标准　一级

单音节同音字　壹伊衣医依

单音节　yí　疑　双音节　可疑

三音节　疑心病　四音节　疑神疑鬼

多音节例句　更疑天路近，梦与白云游。

国际中文等级标准　二级

单音节同音字　仪迤怡宜姨咦移遗颐

单音节　yǐ　以　双音节　以后
三音节　以色列　四音节　以人为本
多音节例句　存以甘棠，去而益咏。
国际中文等级标准　二级
单音节同音字　乙已蚁倚椅

单音节　yì　艺　双音节　艺人
三音节　文艺界　四音节　艺术体操
多音节例句　礼乐射，御书数。古六艺，今不具。
国际中文等级标准　二级
单音节同音字　刈亿忆义议屹亦异抑邑役译易驿弈奕益谊诣逸意
　　　　　　　臆溢毅翼

单音节　yīn　音　双音节　声音
三音节　女高音　四音节　音容笑貌
多音节例句　唯有千章云木在，风来犹作海潮音。
国际中文等级标准　二级
单音节同音字　因茵姻阴殷

单音节　yín　银　双音节　银行
三音节　银河系　四音节　穿金戴银
多音节例句　银烛吐青烟，金樽对绮筵。
国际中文等级标准　二级
单音节同音字　吟垠

单音节　yǐn　饮　双音节　饮料

三音节　饮水机　四音节　饮水思源
多音节例句　新欢对旧恨，痛饮对高歌。
国际中文等级标准　四级
单音节同音字　引蚓隐瘾

单音节　yìn 印　双音节　脚印
三音节　打印机　四音节　数码印刷
多音节例句　一剑成功堪佩印，百钱满卦便垂帘。
国际中文等级标准　二级
单音节同音字　饮荫

单音节　yīng　英　双音节　精英
三音节　英联邦　四音节　英姿飒爽
多音节例句　可怜此地无车马，颠倒青苔落绛英。
国际中文等级标准　二级
单音节同音字　应莺鹰婴樱鹦

单音节　yíng　营　双音节　经营
三音节　夏令营　四音节　营私舞弊
多音节例句　突营射杀呼延将，独领残兵千骑归。
国际中文等级标准　二级
单音节同音字　迎荧盈莹萤萦蝇赢

单音节　yǐng　影　双音节　影响
三音节　电影院　四音节　影影绰绰
多音节例句　月透白云云影白，白云明月任西东。
国际中文等级标准　一级
单音节同音字　颖

单音节　yìng　　映　双音节　映衬
三音节　首映式　四音节　映雪读书
多音节例句　惊飞远映碧山去，一树梨花落晚风。
国际中文等级标准　二级
单音节同音字　应硬

单音节　yōng　　拥　双音节　拥有
三音节　拥护者　四音节　蜂拥而至
多音节例句　白云深处拥雷峰，几树寒梅带雪红。
国际中文等级标准　五级
单音节同音字　佣庸

单音节　yǒng　　勇　双音节　英勇
三音节　义勇军　四音节　勇往直前
多音节例句　朔方健儿好身手，昔何勇锐今何愚？
国际中文等级标准　二级
单音节同音字　永咏泳涌踊俑甬蛹

单音节　yòng　　用　双音节　用途
三音节　信用卡　四音节　别有用心
多音节例句　天生我材必有用，千金散尽还复来。
国际中文等级标准　一级
单音节同音字　佣

单音节　yōu　优　双音节　优秀
三音节　优等生　四音节　优柔寡断
多音节例句　优对劣，凸对凹。翠竹对黄花。
国际中文等级标准　三级

单音节同音字　忧幽悠

单音节　yóu 游　双音节　游客
三音节　旅游团　四音节　游山玩水
多音节例句　永结无情游，相期邈云汉。
国际中文等级标准　二级
单音节同音字　尤犹由油邮

单音节　yǒu 友　双音节　友谊
三音节　朋友圈　四音节　亲朋好友
多音节例句　洛阳亲友如相问，一片冰心在玉壶。
国际中文等级标准　一级
单音节同音字　有黝

单音节　yòu 右　双音节　右边
三音节　右上角　四音节　左顾右盼
多音节例句　右通广内，左达承明。
国际中文等级标准　一级
单音节同音字　又幼佑柚诱

单音节　yú 渔　双音节　渔船
三音节　补渔网　四音节　竭泽而渔
多音节例句　月落乌啼霜满天，江枫渔火对愁眠。
国际中文等级标准　二级
单音节同音字　于余臾鱼竽娱萸渝愉榆愚隅虞

单音节　yǔ 雨　双音节　雨水
三音节　雨花石　四音节　风调雨顺

多音节例句　好雨知时节，当春乃发生。

国际中文等级标准　一级

单音节同音字　与予宇羽禹语

单音节　yù　玉　双音节　玉器

三音节　玉米面　四音节　玉洁冰清

多音节例句　沧海月明珠有泪，蓝田日暖玉生烟。

国际中文等级标准　二级

单音节同音字　郁育狱峪浴预域欲喻谕御寓裕愈誉豫

单音节　yuān　　渊　双音节　渊博

三音节　有渊源　四音节　走向深渊

多音节例句　莺簧对蝶板，虎穴对龙渊。

国际中文等级标准　七—九级

单音节同音字　冤

单音节　yuán　　原　双音节　原来

三音节　原材料　四音节　原原本本

多音节例句　鸟道高原去，人烟小径通。

国际中文等级标准　一级

单音节同音字　元园员袁圆援媛缘猿源辕

单音节　yuǎn　　远　双音节　远方

三音节　远洋船　四音节　舍近求远

多音节例句　蓝水远从千涧落，玉山高并两峰寒。

国际中文等级标准　一级

单音节同音字　（无）

单音节　yuàn　　院　双音节　院士
三音节　博物院　四音节　庭院深深
多音节例句　水晶帘动微风起，满架蔷薇一院香。
国际中文等级标准　一级
单音节同音字　怨愿

单音节　yuē　约　双音节　约会
三音节　定条约　四音节　不约而同
多音节例句　世事无端何足计，但逢佳节约重陪。
国际中文等级标准　三级
单音节同音字　曰

单音节　yuè　月　双音节　月亮
三音节　月全食　四音节　月色皎洁
多音节例句　举杯邀明月，对影成三人。
国际中文等级标准　一级
单音节同音字　乐岳阅悦跃越

单音节　yūn　晕　双音节　晕倒
三音节　晕过去　四音节　晕头转向
多音节例句　晓妆无力胭脂重，春醉方酣酒晕深。
国际中文等级标准　六级
单音节同音字　（无）

单音节　yún　云　双音节　浮云
三音节　云计算　四音节　云蒸霞蔚
多音节例句　云弁使，雪衣娘。故国对他乡。
国际中文等级标准　二级

单音节同音字　匀耘

单音节　yǔn 允　双音节　允诺
三音节　公允价　四音节　未经允许
多音节例句　允矣千载下，勋业昭汗青。
国际中文等级标准　六级
单音节同音字　陨

单音节　yùn 运　双音节　运输
三音节　运动员　四音节　运筹帷幄
多音节例句　可叹往年至今日，任运还同不系舟。
国际中文等级标准　二级
单音节同音字　晕酝韵蕴

单音节　zā 匝　双音节　匝摸
三音节　匝匝嘴　四音节　令人匝舌
多音节例句　绿头鸭儿匝萍藻，采莲女郎笑花老。
国际中文等级标准　七—九级
单音节同音字　帀

单音节　zá 杂　双音节　复杂
三音节　杂物间　四音节　鱼龙混杂
多音节例句　雪暗凋旗画，风多杂鼓声。
国际中文等级标准　三级
单音节同音字　砸

单音节　zāi 栽　双音节　栽培
三音节　栽跟头　四音节　前人栽树

多音节例句　茅檐长扫净无苔，花木成畦手自栽。

国际中文等级标准　五级

单音节同音字　灾

单音节　zǎi 载　双音节　转载

三音节　有记载　四音节　载入史册

多音节例句　数峰蘸碧，记载酒甘园，柳塘花坞。

国际中文等级标准　四级

单音节同音字　宰崽

单音节　zài 在　双音节　存在

三音节　在野党　四音节　在劫难逃

多音节例句　又疑瑶台镜，飞在青云端。

国际中文等级标准　一级

单音节同音字　再载

单音节　zán 咱　双音节　咱们

三音节　咱们家　四音节　咱们一起

多音节例句　你若无意向咱行，为甚梦中频相见。

国际中文等级标准　二级

单音节同音字　（无）

单音节　zǎn 攒　双音节　积攒

三音节　攒零钱　四音节　积攒力气

多音节例句　一日不思量，也攒眉千度。

国际中文等级标准　七一九级

单音节同音字　拶

单音节　zàn 赞　双音节　赞赏
三音节　赞助商　四音节　赞不绝口
多音节例句　箴对赞，缶对卮。萤焰对蚕丝。
国际中文等级标准　四级
单音节同音字　暂

单音节　zāng　　脏　双音节　肮脏
三音节　脏东西　四音节　不说脏话
多音节例句　肮脏辞故园，昂藏入君门。
国际中文等级标准　二级
单音节同音字　臧赃

单音节　zàng　　藏　双音节　宝藏
三音节　大藏经　四音节　青藏高原
多音节例句　掘得一宝藏，纯是水精珠。
国际中文等级标准　六级
单音节同音字　脏葬

单音节　zāo 遭　双音节　遭逢
三音节　遭遇战　四音节　遭受打击
多音节例句　松枯遭雨苦，花瘦怕风寒。
国际中文等级标准　五级
单音节同音字　糟

单音节　záo 凿　双音节　确凿
三音节　凿山洞　四音节　言之凿凿
多音节例句　依玉树，步金莲。凿井对耕田。
国际中文等级标准　七—九级

单音节同音字　（无）

单音节　zǎo　早　双音节　清早
三音节　早上好　四音节　早出晚归
多音节例句　昨夜题梅更一字，早春来燕卷重帘。
国际中文等级标准　一级
单音节同音字　枣蚤澡藻

单音节　zào　造　双音节　制造
三音节　造纸厂　四音节　天造地设
多音节例句　造化钟神秀，阴阳割昏晓。
国际中文等级标准　三级
单音节同音字　皂灶噪燥躁

单音节　zé　责　双音节　责备
三音节　责任制　四音节　责无旁贷
多音节例句　学为尧舜文，时人责衰偶。
国际中文等级标准　三级
单音节同音字　则择泽

单音节　zéi　贼　双音节　盗贼
三音节　卖国贼　四音节　贼喊捉贼
多音节例句　城小贼不屠，人贫伤可怜。
国际中文等级标准　七—九级
单音节同音字　（无）

单音节　zěn　怎　双音节　怎能
三音节　怎么着　四音节　怎么样了？

多音节例句　不经一番寒彻骨，怎得梅花扑鼻香。
国际中文等级标准　一级
单音节同音字　（无）

单音节　zēng　　增　双音节　增长
三音节　增加值　四音节　与日俱增
多音节例句　林表明霁色，城中增暮寒。
国际中文等级标准　三级
单音节同音字　曾憎

单音节　zèng　　赠　双音节　赠予
三音节　赠送品　四音节　临别赠言
多音节例句　分手脱相赠，平生一片心。
国际中文等级标准　五级
单音节同音字　锃

单音节　zhā　扎　双音节　扎实
三音节　扎猛子　四音节　稳扎稳打
多音节例句　一扎疏荣驰厥置，两儿扶拜望云天。
国际中文等级标准　六级
单音节同音字　喳渣楂

单音节　zhá　札　双音节　信札
三音节　札幌市　四音节　读书札记
多音节例句　玉珰缄札何由达，万里云罗一雁飞。
国际中文等级标准　七—九级
单音节同音字　扎闸炸

单音节　zhǎ　眨　双音节　眨巴
三音节　眨一眨　四音节　眨眼之间
多音节例句　九曲那容眨眼看，操舟谁解别波澜。
国际中文等级标准　七—九级
单音节同音字　拃

单音节　zhà　诈　双音节　欺诈
三音节　诈骗犯　四音节　兵不厌诈
多音节例句　一身虽是诈，万古尽言忠。
国际中文等级标准　六级
单音节同音字　乍炸蚱榨栅咤

单音节　zhāi　　摘　双音节　摘录
三音节　摘帽子　四音节　资料摘编
多音节例句　东园载酒西园醉，摘尽枇杷一树金。
国际中文等级标准　五级
单音节同音字　斋

单音节　zhái　　宅　双音节　住宅
三音节　宅基地　四音节　深宅大院
多音节例句　岐王宅里寻常见，崔九堂前几度闻。
国际中文等级标准　六级
单音节同音字　翟择

单音节　zhǎi　　窄　双音节　窄小
三音节　窄胡同　四音节　心胸狭窄
多音节例句　肥对瘦，窄对宽。黄犬对青鸾。
国际中文等级标准　七—九级

单音节同音字　（无）

单音节　zhài　　债　双音节　债务
三音节　债权人　四音节　债台高筑
多音节例句　酒债寻常行处有，人生七十古来稀。
国际中文等级标准　六级
单音节同音字　寨

单音节　zhān　　沾　双音节　沾光
三音节　沾满水　四音节　沾沾自喜
多音节例句　无为在歧路，儿女共沾巾。
国际中文等级标准　七一九级
单音节同音字　毡瞻粘

单音节　zhǎn　　展　双音节　展望
三音节　展示厅　四音节　大展宏图
多音节例句　惟将终夜长开眼，报答平生未展眉。
国际中文等级标准　三级
单音节同音字　斩盏崭辗

单音节　zhàn　　战　双音节　战场
三音节　战斗机　四音节　战无不胜
多音节例句　醉卧沙场君莫笑，古来征战几人回？
国际中文等级标准　一级
单音节同音字　占站绽湛颤蘸栈

单音节　zhāng　　张　双音节　张扬
三音节　新开张　四音节　张冠李戴

多音节例句　张兔网，挂鱼罾。燕雀对鹓鹏。
国际中文等级标准　三级
单音节同音字　章漳彰蟑

单音节　zhǎng　掌　双音节　掌握
三音节　掌门人　四音节　掌上明珠
多音节例句　日色才临仙掌动，香烟欲傍衮龙浮。
国际中文等级标准　二级
单音节同音字　长涨

单音节　zhàng　障　双音节　屏障
三音节　障眼法　四音节　障碍赛跑
多音节例句　春风举国裁宫锦，半作障泥半作帆。
国际中文等级标准　四级
单音节同音字　丈仗杖帐账胀涨

单音节　zhāo　招　双音节　招揽
三音节　招牌菜　四音节　招摇撞骗
多音节例句　至今残破胆，应有未招魂。
国际中文等级标准　四级
单音节同音字　钊昭诏着朝

单音节　zháo　着　双音节　着火
三音节　别着急　四音节　歪打正着
多音节例句　童子柳阴眠正着，一牛吃过柳阴西。
国际中文等级标准　四级
单音节同音字　（无）

单音节　zhǎo　　沼　双音节　沼气

三音节　沼泽地　四音节　遍地池沼

多音节例句　台对阁，沼对塘。朝雨对夕阳。

国际中文等级标准　一级

单音节同音字　爪找

单音节　zhào　　照　双音节　照耀

三音节　照相机　四音节　肝胆相照

多音节例句　多情只有春庭月，犹为离人照落花。

国际中文等级标准　二级

单音节同音字　召兆赵罩

单音节　zhē 遮　双音节　遮挡

三音节　遮阳伞　四音节　遮遮掩掩

多音节例句　千呼万唤始出来，犹抱琵琶半遮面。

国际中文等级标准　七—九级

单音节同音字　折

单音节　zhé 折　双音节　折服

三音节　转折点　四音节　百折不挠

多音节例句　夜深知雪重，时闻折竹声。

国际中文等级标准　四级

单音节同音字　哲辙

单音节　zhě 者　双音节　作者

三音节　胜利者　四音节　来者不拒

多音节例句　人间寿者相，天上老人星。

国际中文等级标准　二级

单音节同音字　褶

单音节　zhè 这　双音节　这是
三音节　这样子　四音节　如此这般
多音节例句　三十六峰犹不见，况伊如燕这身材。
国际中文等级标准　一级
单音节同音字　浙

单音节　zhe 着　双音节　看着
三音节　跟着走　四音节　硬着头皮
多音节例句　大家的干劲儿足着呢。
国际中文等级标准　一级
单音节同音字　（无）

单音节　zhēn　真　双音节　真正
三音节　真心话　四音节　真假难辨
多音节例句　可怜九月初三夜，露似真珠月似弓。
国际中文等级标准　一级
单音节同音字　贞针侦珍斟

单音节　zhěn　诊　双音节　诊所
三音节　诊疗室　四音节　把脉问诊
多音节例句　好将心脉时时诊。道服须支准。
国际中文等级标准　五级
单音节同音字　枕疹

单音节　zhèn　震　双音节　震动
三音节　地震带　四音节　震耳欲聋

多音节例句　承乾对出震，叠坎对重坤。
国际中文等级标准　四级
单音节同音字　阵振镇朕

单音节　zhēng　蒸　双音节　蒸发
三音节　蒸包子　四音节　蒸蒸日上
多音节例句　气蒸云梦泽，波撼岳阳城。
国际中文等级标准　三级
单音节同音字　正征争挣睁

单音节　zhěng　整　双音节　整齐
三音节　整理箱　四音节　整装待发
多音节例句　云鬓半偏新睡觉，花冠不整下堂来。
国际中文等级标准　三级
单音节同音字　拯

单音节　zhèng　正　双音节　正确
三音节　正方形　四音节　正大光明
多音节例句　正是江南好风景，落花时节又逢君。
国际中文等级标准　一级
单音节同音字　证郑政挣症

单音节　zhī　知　双音节　知识
三音节　未知数　四音节　知书达理
多音节例句　夜来风雨声，花落知多少。
国际中文等级标准　一级
单音节同音字　之只汁芝支吱枝肢脂蜘织

单音节　zhí　直　双音节　直接

三音节　直辖市　四音节　直言不讳

多音节例句　暖风熏得游人醉，直把杭州作汴州。

国际中文等级标准　二级

单音节同音字　执侄值植殖职

单音节　zhǐ　指　双音节　指导

三音节　指挥棒　四音节　指鹿为马

多音节例句　借问酒家何处有，牧童遥指杏花村。

国际中文等级标准　二级

单音节同音字　止只址祉趾纸

单音节　zhì　志　双音节　志向

三音节　志愿者　四音节　志同道合

多音节例句　丝对竹，剑对琴。素志对丹心。

国际中文等级标准　三级

单音节同音字　至帜制质治峙挚致秩掷智滞置稚

单音节　zhōng　中　双音节　中心

三音节　中转站　四音节　中饱私囊

多音节例句　南朝四百八十寺，多少楼台烟雨中。

国际中文等级标准　一级

单音节同音字　忠终钟衷

单音节　zhǒng　种　双音节　种子

三音节　两种人　四音节　种族主义

多音节例句　天上麒麟原有种，穴中蝼蚁岂能逃。

国际中文等级标准　三级

单音节同音字　肿冢

单音节　zhòng　众　双音节　众多
三音节　大众化　四音节　众志成城
多音节例句　前对后，后对先。众丑对孤妍。
国际中文等级标准　一级
单音节同音字　中仲种重

单音节　zhōu　周　双音节　周围
三音节　圆周率　四音节　周而复始
多音节例句　闲坐小窗读周易，不知春去几多时。
国际中文等级标准　二级
单音节同音字　舟州洲粥

单音节　zhóu　轴　双音节　车轴
三音节　中心轴　四音节　基本轴心
多音节例句　转轴拨弦三两声，未成曲调先有情。
国际中文等级标准　七—九级
单音节同音字　妯

单音节　zhòu　宙　双音节　宙斯
三音节　太古宙　四音节　宇宙万物
多音节例句　天地玄黄，宇宙洪荒。
国际中文等级标准　七—九级
单音节同音字　咒昼皱骤酎

单音节　zhū　诸　双音节　诸侯
三音节　诸葛亮　四音节　诸如此类

多音节例句　经子通，读诸史。考世系，知终始。

国际中文等级标准　三级

单音节同音字　朱茱珠株蛛猪

单音节　zhú　竹　双音节　竹简

三音节　竹叶青　四音节　青梅竹马

多音节例句　夜深知雪重，时闻折竹声。

国际中文等级标准　四级

单音节同音字　逐烛

单音节　zhǔ　主　双音节　主意

三音节　主人翁　四音节　不由自主

多音节例句　桃花一簇开无主，可爱深红爱浅红？

国际中文等级标准　二级

单音节同音字　拄煮嘱瞩

单音节　zhù　住　双音节　住宿

三音节　居住地　四音节　衣食住行

多音节例句　无论去与住，俱是梦中人。

国际中文等级标准　一级

单音节同音字　助贮注驻柱祝著箸蛀铸筑

单音节　zhuā　　抓　双音节　抓紧

三音节　抓小偷　四音节　抓耳挠腮

多音节例句　春衫惹定茨糜科，绊倒花抓破。

国际中文等级标准　三级

单音节同音字　（无）

单音节　zhuǎ　　爪　双音节　爪子
三音节　铁爪子　四音节　猫爪星云
多音节例句　锅底有三个小爪儿，看起来很安稳。
国际中文等级标准　七—九级
单音节同音字　（无）

单音节　zhuài　　拽　双音节　拽住
三音节　拽衣领　四音节　生拉硬拽
多音节例句　长绳百尺拽碑倒，粗砂大石相磨治。
国际中文等级标准　七—九级
单音节同音字　（无）

单音节　zhuān　　专　双音节　专辑
三音节　专业课　四音节　专心致志
多音节例句　苟不教，性乃迁。教之道，贵以专。
国际中文等级标准　三级
单音节同音字　砖

单音节　zhuǎn　　转　双音节　反转
三音节　转基因　四音节　时来运转
多音节例句　长恨春归无觅处，不知转入此中来。
国际中文等级标准　三级
单音节同音字　（无）

单音节　zhuàn　　撰　双音节　杜撰
三音节　撰稿人　四音节　撰写文章
多音节例句　撰余辔而正策兮，吾将过乎句芒。
国际中文等级标准　六级

单音节同音字　传转赚

单音节　zhuāng　装　双音节　服装
三音节　装甲车　四音节　装腔作势
多音节例句　交语速装束，络绎如浮云。
国际中文等级标准　二级
单音节同音字　妆庄桩

单音节　zhuàng　状　双音节　形状
三音节　甲状腺　四音节　奇形怪状
多音节例句　状似明月泛云河，体如轻风动流波。
国际中文等级标准　三级
单音节同音字　壮撞幢

单音节　zhuī　追　双音节　追随
三音节　追思会　四音节　你追我赶
多音节例句　此情可待成追忆，只是当时已惘然。
国际中文等级标准　三级
单音节同音字　椎锥

单音节　zhuì　坠　双音节　坠落
三音节　耳坠子　四音节　天花乱坠
多音节例句　波漂菰米沉云黑，露冷莲房坠粉红。
国际中文等级标准　七—九级
单音节同音字　缀

单音节　zhǔn　准　双音节　准备
三音节　准考证　四音节　准确无误

多音节例句　准拟今春乐事浓，依然枉却一东风。

国际中文等级标准　一级

单音节同音字　（无）

单音节　zhuō　捉　双音节　捕捉

三音节　捉迷藏　四音节　捉摸不定

多音节例句　日长睡起无情思，闲看儿童捉柳花。

国际中文等级标准　一级

单音节同音字　拙桌

单音节　zhuó　酌　双音节　酌情

三音节　请斟酌　四音节　字斟句酌

多音节例句　花间一壶酒，独酌无相亲。

国际中文等级标准　七—九级

单音节同音字　灼茁卓浊啄琢着濯

单音节　zī　资　双音节　工资

三音节　资本家　四音节　天资聪明

多音节例句　师资缘会有来由，明镜非占语暗投。

国际中文等级标准　三级

单音节同音字　吱孜咨谘姿兹滋龇

单音节　zǐ　子　双音节　子夜

三音节　子公司　四音节　炎黄子孙

多音节例句　慈母手中线，游子身上衣。

国际中文等级标准　一级

单音节同音字　仔梓紫滓姊

单音节　zì　自　双音节　自觉

三音节　自动化　四音节　自由自在

多音节例句　挥手自兹去，萧萧班马鸣。

国际中文等级标准　一级

单音节同音字　字渍恣

单音节　zōng　　综　双音节　综艺

三音节　综合性　四音节　错综复杂

多音节例句　稘博综技艺，于丝竹特妙。

国际中文等级标准　四级

单音节同音字　枞宗棕踪鬃

单音节　zǒng　　总　双音节　总结

三音节　总经理　四音节　总而言之

多音节例句　等闲识得东风面，万紫千红总是春。

国际中文等级标准　三级

单音节同音字　（无）

单音节　zòng　纵　双音节　操纵

三音节　纵坐标　四音节　稍纵即逝

多音节例句　无端狂笑无端哭，纵有欢肠已似冰。

国际中文等级标准　六级

单音节同音字　粽

单音节　zǒu　走　双音节　行走

三音节　走读生　四音节　走马观花

多音节例句　嗟余听鼓应官去，走马兰台类转蓬。

国际中文等级标准　一级

单音节同音字　（无）

单音节　zòu 奏　双音节　奏乐
三音节　前奏曲　四音节　节奏鲜明
多音节例句　一封朝奏九重天，夕贬潮阳路八千。
国际中文等级标准　六级
单音节同音字　揍

单音节　zū 租　双音节　租金
三音节　租借地　四音节　出租公寓
多音节例句　生常免租税，名不隶征伐。
国际中文等级标准　二级
单音节同音字　（无）

单音节　zú 足　双音节　充足
三音节　足球队　四音节　手舞足蹈
多音节例句　夕阳连雨足，空翠落庭阴。
国际中文等级标准　三级
单音节同音字　卒族

单音节　zǔ 祖　双音节　祖国
三音节　祖师爷　四音节　光宗耀祖
多音节例句　祖帐连河阙，军麾动洛城。
国际中文等级标准　二级
单音节同音字　诅阻组

单音节　zuān　钻　双音节　钻研
三音节　钻空子　四音节　钻牛角尖

多音节例句　百年钻故纸，何日出头时。
国际中文等级标准　六级
单音节同音字　（无）

单音节　zuàn　钻　双音节　钻井
三音节　金刚钻　四音节　钻石戒指
多音节例句　钻石象征着爱情。
国际中文等级标准　七—九级
单音节同音字　赚攥

单音节　zuǐ 嘴　双音节　嘴角
三音节　撇撇嘴　四音节　笨嘴拙舌
多音节例句　莺嘴啄花红溜，燕尾点波绿皱。
国际中文等级标准　二级
单音节同音字　咀

单音节　zuì 最　双音节　最后
三音节　最高峰　四音节　最佳人选
多音节例句　寒梅最堪恨，常作去年花。
国际中文等级标准　一级
单音节同音字　罪醉

单音节　zūn 尊　双音节　尊重
三音节　自尊心　四音节　尊老爱幼
多音节例句　还以金屋贵，留兹宝席尊。
国际中文等级标准　五级
单音节同音字　遵

单音节　zuó 昨　双音节　昨天

三音节　昨夜里　四音节　昨夜星辰

多音节例句　昨夜星辰昨夜风，画楼西畔桂堂东。

国际中文等级标准　一级

单音节同音字　琢

单音节　zuǒ 左　双音节　左手

三音节　左撇子　四音节　左邻右舍

多音节例句　寒燠均，霜露改。右高原，左大海。

国际中文等级标准　一级

单音节同音字　佐

单音节　zuò 座　双音节　座位

三音节　座右铭　四音节　高朋满座

多音节例句　隔座送钩春酒暖，分曹射覆蜡灯红。

国际中文等级标准　一级

单音节同音字　作坐做

参考文献

1. 国家汉语国际推广领导小组办公室. 编. 国际汉语教师标准. 北京：外语教学与研究出版社，2007 年.

2. 国家汉语水平考试委员会办公室考试中心. 编. 汉语水平词汇与汉字等级大纲. 北京：经济科学出版社，2001 年.

3. 〔清〕蘅塘退士. 编选. 唐诗三百首. 上海：上海古籍出版社，2018 年.

4. 教育部中外语言交流合作中心. 编. 国际中文教育中文水平等级标准. 北京：北京语言大学出版社，2021 年.

5. 教育部中外语言交流合作中心. 编. 国际中文教育中文水平等级标准（国家标准·应用解读本）. 北京：北京语言大学出版社，2021 年.

6. 李逸安，张立敏. 译注. 三字经·百家姓·千字文·弟子规·千家诗. 北京：中华书局，2013 年.

7. 吕叔湘. 主编. 现代汉语八百词（增订本）. 北京：商务印书馆，1999 年.

8. 普通话培训与测试研究中心，普通话等级考试教程编写组. 编. 普通话等级考试教程（上下册）. 北京：北京理工大学出版社，2015 年.

9. 商务印书馆辞书研究中心. 编. 新华词典（第 4 版）. 北京：商务印书馆，2013 年.

10. 王财贵. 编. 学庸论语. 厦门：厦门大学出版社，2000 年.

11. 王力. 主编. 汉字　拼音　检字. 上海：上海人民出版社，1973 年.

12. 许寒梅，王晓华. 主编. 汉语成语词典（全新版 •修订版）. 北京：商务印书馆国际有限公司，2009 年.

13. ［日］伊奈垣圭映. 编. 日本的汉字中国的汉字. 神户：宝友书房，2019 年.

14. 中国国家对外汉语教学领导小组办公室. 编. 汉语国际教育用音节汉字词汇等级划分（国家标准 •应用解读本）. 北京：北京语言大学出版社，2010 年.

15. 中国教育部中外语言交流合作中心. 主编. ［日］古川裕. 监译. ［日］古川典代. 译. 国际中文教育中文水平等级标准•日文版. 东京：ASK 出版社，2022 年.